2024
〜26
年度版

ここがポイント！ここが変わった！

改正
介護保険
早わかり

田中 元 Tanaka Hajime

自由国民社

はじめに

　2000年４月に介護保険制度がスタートしてから24年、再びの法改正とともに８回目となる介護報酬・運営基準の改定（第９期介護保険事業計画）がスタートします。

　この24年の間の人口の高齢化により、介護サービス受給者数は約3.8倍、受給者を支える介護職員数も約3.6倍と伸び続けてきました。

　加えて、受給者も高齢化する中で、現場での認知症対応の負担は増え、疾患の急変リスクなども高まっています。

コロナ禍や物価上昇で疲弊する現場をいかに立て直すか

　そうした状況下、現場の対応力をいかに高め、受給者ニーズに応えるかが、近年の介護保険の大きなテーマとなっています。

　しかし、前回の2021年度改定直前に生じたコロナ禍や、その後の急速な物価上昇は、介護現場を大きく疲弊させることになりました。

　2025年には団塊世代が全員75歳以上を迎え、介護サービスは質・量ともにますます求められています。それに応えるには、この2024年度の制度改正および報酬・基準改定により、疲弊した現場をいかに立て直すかが問われることになります。

多岐に渡る大改革は、現場にとっても大きな負担に

　今改定では、介護現場従事者の処遇改善策の上乗せや、限られ

た職員数でいかにケアの質を上げるかという生産性向上、そして増え続ける認知症の人への対応強化……など、さまざまな力点が置かれています。

　また、重度の療養ニーズにも対応するため、診療報酬や障害福祉サービス等報酬とのトリプル改定を機に、対医療・対障害福祉連携のしくみにも力が注がれることになりました。

　しかし、皮肉なことに、こうした多岐にわたる大きな改革が現場の負担をさらに増やす恐れも生じています。先に述べたように疲弊している現場にとって、今改定は酷な面もあるかもしれません。

　こうした状況を改善するにはどうすればよいか。

　その思いから、複雑かつ多岐にわたる2024年度の改正・改定について、わかりやすく整理した書籍を編むこととなりました。

　現場を支える方々のこれからの働き方に向けて、少しでも支えになれば幸いです。

2024年3月

田中　元

contents

第 1 章
ここが変わった！　介護保険
2024年度の主な改正点

第2章
2024年度からの各サービスの主な改正ポイント

第3章
2024年度からの医療や福祉分野の主な改正点

巻末資料
社会保障審議会等の関連資料

改正法律の概要

全世代対応型の持続可能な社会保障制度を構築するための健康保険法等の一部を改正する法律の概要

改正の趣旨

全世代対応型の持続可能な社会保障制度を構築するため、出産育児一時金に係る後期高齢者医療制度からの支援金の導入、後期高齢者医療制度における後期高齢者負担率の見直し、前期財政調整制度における報酬調整の導入、医療費適正化計画の実効性の確保のための見直し、かかりつけ医機能が発揮される制度整備、介護保険者による介護情報の収集・提供等に係る事業の創設等の措置を講ずる。

改正の概要

１．こども・子育て支援の拡充【健康保険法、船員保険法、国民健康保険法、高齢者の医療の確保に関する法律等】

①出産育児一時金の支給額を引き上げる（※）とともに、支給費用の一部を現役世代だけでなく後期高齢者医療制度も支援する仕組みとする。

（※）42万円→50万円に令和5年4月から引き上げ（政令）、出産費用の見える化を行う。

②産前産後期間における国民健康保険料（税）を免除し、その免除相当額を国・都道府県・市町村で負担することとする。

２．高齢者医療を全世代で公平に支え合うための高齢者医療制度の見直し【健保法、高確法】

①後期高齢者の医療給付費を後期高齢者と現役世代で公平に支え合うため、後期高齢者負担率の設定方法について、「後期高齢者一人当たりの保険料」と「現役世代一人当たりの後期高齢者支援金」の伸び率が同じとなるよう見直す。

②前期高齢者の医療給付費を保険者間で調整する仕組みにおいて、被用者保険者においては報酬水準に応じて調整する仕組みの導入等を行う。

健保連が行う財政が厳しい健保組合への交付金事業に対する財政支援の導入、被用者保険者の後期高齢者支援金等の負担が大きくなる場合の財政支援の拡充を行う。

３．医療保険制度の基盤強化等【健保法、船保法、国保法、高確法等】

①都道府県医療費適正化計画について、計画に記載すべき事項を充実させるとともに、都道府県ごとに保険者協議会を必置として計画の策定・評価に関与する仕組みを導入する。また、医療費適正化に向けた都道府県の役割及び責務の明確化等を行う。計画の目標設定に際しては、医療・介護サービスを効果的・効率的に組み合わせた提供や、かかりつけ医機能の確保の重要性に留意することとする。

②都道府県が策定する国民健康保険運営方針の運営期間を法定化（6年）し、医療費適正化や国保事務の標準化・広域化の推進に関する事項等を必須記載とする。

③経過措置として存続する退職被保険者の医療給付費等を被用者保険者間で調整する仕組みについて、対象者の減少や保険者等の負担を踏まえて廃止する。

４．医療・介護の連携機能及び提供体制等の基盤強化【地域における医療及び介護の総合的な確保の促進に関する法律、医療法、介護保険法、高確法等】

①かかりつけ医機能について、国民への情報提供の強化や、かかりつけ医機能の報告に基づく地域での協議の仕組みを構築し、協議を踏まえて医療・介護の各種計画に反映する。

②医療・介護サービスの質の向上を図るため、医療保険者と介護保険者が被保険者等に係る医療・介護情報の収集・提供等を行う事業を一体的に実施することとし、介護保険者が行う当該事業を地域支援事業として位置付ける。

③医療法人や介護サービス事業者に経営情報の報告義務を課した上で当該情報に係るデータベースを整備する。

④地域医療連携推進法人制度について一定の要件のもと個人立の病院等や介護事業所等が参加できる仕組みを導入する。

⑤出資持分の定めのある医療法人が出資持分の定めのない医療法人に移行する際の計画の認定制度について、期限の延長（令和5年9月末→令和8年12月末）等を行う。

等

施行期日

令和6年4月1日（ただし、3①の一部及び4⑤は公布日、4③の一部は令和5年8月1日、1②は令和6年1月1日、3①の一部及び4①は令和7年4月1日、4③の一部は公布後3年以内に政令で定める日、4②は公布後4年以内に政令で定める日）

出所：厚生労働省 全国介護保険担当課長会議（R5.7.31）資料

今回の改正がもたらす影響

2023年5月12日に成立し、同月19日に公布された「全世代対応型の持続可能な社会保障制度を構築するための健康保険法等の一部を改正する法律」（前ページ）は、下記のような点で、介護保険事業等にさまざまな影響を与えます。

新処遇改善策による従事者の賃金動向は？
ルール等の一本化による加算適用の拡大、加算率の上乗せで賃金アップは期待されるが、生産性向上への対応力によって事業所間格差が広がる可能性もあり。

生産性向上の取組み強化で現場はどうなる？
新基準で現場課題の抽出、新たな会議の開催が義務化。組織的な取組みができるかどうかは、管理者やリーダーの資質が大きく影響する可能性もあり。

各種基準・加算で対医療連携の強化は進むのか？
協力医療機関との交渉や入院時の利用者情報の収集など、他機関・他事業所との交渉力が問われる。「渉外担当」の人材育成がカギとなる時代に。

感染症防止や容体急変リスクへの対応について
これらも日頃からの医療機関との連携が重要に。常に円滑な情報共有を図るために、医療機関とのICT連携のしくみを早期から構築することが必要に。

認知症対応力の向上がますます求められる
加算要件等で定める専門研修の参加や、一定指標による評価等の実務が拡大。認知症ケアに係る現場のモチベーションをいかに図れるかがポイント。

「口腔衛生」に係る基準・加算の再構築の効果
歯科医療機関による定期的な助言・指導の受入れや相談対応体制の構築が必須となる中、地域の歯科医療資源を確保するリサーチ力が問われてくる。

リハビリ・機能訓練と口腔・栄養の一体的取組み
多職種によるカンファレンスや一体的様式による情報のすり合わせなど、現場従事者に多角的な視点が求められる。内部研修のあり方なども一新へ。

経営情報の提出や運営情報の公開などの義務が拡大
今後の改定の土台となる経営情報の精査が厳格になり、報酬上の締め付けが拡大？利用者のサービス事業への見方も厳しくなることへの覚悟が必要。

虐待防止や身体的拘束の適正化などで何が変わる？
利用者の尊厳確保という軸が定まらないと「やらされ感」が募りがち。現場従事者に高齢者心理を深く学ばせる機会を増やすなど、現場教育の根本的見直しも。

改正法や関連事項の施行時期

施行期日	改正事項	参照項ページ
2024年1月	共生社会の実現を推進するための認知症基本法が施行(公布は2023年6月)	P.52
2024年2月	事業所・施設の賃金引上げを要件に相当する補助金が支払われる仕組み(介護職員処遇改善支援補助金)	P.38
2024年4月	全介護サービス事業者に都道府県へ経営情報を提出することを義務化	P.16
	介護サービス情報公表制度でも財務諸表公表を求める	P.16
	居宅介護支援事業者を介護予防支援事業者の指定対象に追加	P.20
	総合相談支援の一部を居宅介護支援等へ委託可能にする	P.20
	現場の生産性向上のため都道府県へ努力義務を定める	P.24
	第1号保険料の標準段階を13段階に引上げ	P.28
	低所得者の公費軽減後の第1号保険料乗率をさらに引下げ	P.28
	運営基準の経過措置終了項目について未実施・未策定の場合の減算規定を定めることを追加	P.32
	2023年度末で運営基準の「感染症対策の強化」、「業務継続に向けた取組み強化」、「高齢者虐待防止の推進」の経過措置が終了し完全義務化	P.32
	身体的拘束等について短期入所・小規模多機能系にも未実施減算を創設	P.36
	訪問・通所系でも身体的拘束適正化を規定	P.36
	人員基準について原則全サービスに共通要件を規定	P.46
	居宅介護支援で逓減制に係る取扱い件数の見直しにより担当可能件数が拡大	P.58
	居宅介護支援の特定事業所加算に他法他制度関連の要件を追加	P.62
	居宅介護支援について同一建物減算が適用	P.62
	居宅介護支援で、入院時の情報提供を迅速化させるとともに、通院時の連携対象を拡大	P.66
	居宅介護支援のターミナルケアマネジメント加算の要件から末期がんの制約を削除	P.66
	訪問介護の基本報酬約2%ダウンに加えて同一建物等減算に新区分を追加	P.70
	訪問介護の特定事業所加算&訪問入浴介護の新加算で看取り評価を追加	P.70

施行期日	改正事項	参照項ページ
2024年4月	定期巡回等型の基本報酬に「夜間のみ」の新区分を追加	P.72
	訪問系の認知症専門ケア加算で区分Iの重度者要件を認知症日常生活自立度II以上へ変更	P.72
	入浴介助加算Iに追加要件が加わりIIの要件が緩和される	P.82
	通所介護の認知症加算において認知症ケアに関する事例検討や技術的指導に係る会議の定期開催を要件に追加	P.82
	療養通所介護の基本報酬に「短期利用型」の区分を新設	P.86
	療養通所介護で重度の利用者に対応する体制を評価する加算を新設	P.86
	短期入所生活介護で看護体制強化の看取り連携体制加算を新設	P.94
	短期入所生活介護の長期利用は60日超で新たな減算区分を新設	P.94
	一部福祉用具を対象に貸与と販売の選択制を導入	P.96
	福祉用具貸与についてモニタリング結果の記録を義務化	P.96
	小多機系の総合マネジメント体制強化加算でサービスの質向上を目指した区分の再編と要件見直し	P.98
	小多機系の認知症加算の専門性をさらに評価し要件見直しと単位の変更	P.98
	看護小規模多機能型居宅介護で「通い」「泊まり」の看護サービス提供を明確化	P.102
	特定施設で夜勤・宿直を行なう看護職員の配置評価にともない夜間看護体制加算に単位を引き上げた新区分を設置	P.106
	特定施設で口腔衛生管理体制加算を廃止し運営基準に組み込んで義務化（3年の経過措置あり）	P.106
	認知症GHなどに認知症チームケア推進加算を新設	P.110
	認知症GHの医療連携体制加算で体制要件・受入れ要件を分けて評価	P.110
	物価高騰などへの対処から特養ホームでの基本報酬を大幅に引上げ	P.114
	特養ホームで配置医師の対応範囲や給付調整について具体的な事例を示すなど明確化	P.114
	介護老人保健施設で急性期からの受入れ促進に向けた初期加算の区分を新設	P.118
	介護老人保健施設で看取り期の利用者について単位数を引き上げて死亡直前のケア評価を手厚くする改定	P.118
	介護老人保健施設の収益を左右する指標の見直しで社会福祉士の配置を評価	P.122
	介護療養病床廃止にともない介護医療院の長期療養生活移行加算も廃止	P.124

施行期日	改正事項	参照項ページ
2024年4月	介護医療院の入所者全員に対して「人生の最終段階における医療・ケアの決定プロセスに関するガイドライン」に沿った取組みを求めることを義務化	P.124
	介護現場の生産性向上のための委員会設置を義務化	P.126
	介護現場の生産性向上のための上乗せ的な取組みを評価する「生産性向上推進体制加算」を新設	P.126
	老健や認知症GHでテクノロジー活用などの「生産性向上」を条件に夜間の人員配置基準を緩和	P.130
	外国人人材についてEPAなどで就労6カ月未満の人員配置基準適用の緩和	P.130
	施設系・居住系サービスで連携する協力医療機関についての要件を新設	P.136
	施設系サービスで協力医療機関との定期的な会議を評価した「協力医療機関連携加算」を新設	P.136
	高齢者施設などの感染症対応力を評価した新加算を設置	P.140
	新興感染症発生時の対応について協議を義務化	P.140
	訪問系・短期入所系サービスに利用者の口腔の健康状態を評価する「口腔連携強化加算」が誕生	P.144
	施設系サービスでは定期的な口腔衛生の状態を定期的にチェックすることを義務化	P.144
	退所時に退所先施設等へ栄養管理に係る情報提供を行なうことを評価する「退所時栄養情報連携加算」を新設	P.146
	既存のリハ系・機能訓練系加算に「一体的取組み」を評価した区分を新設	P.148
	一体的計画書の記載項目が整理されLIFE提出項目を含めた様式に変更	P.148
	排せつ支援加算では尿道カテーテル抜去も評価対象に追加	P.152
	褥瘡マネジメント加算では褥瘡の治癒も評価対象に追加	P.152
	出産育児一時金引上げ分の財源を後期高齢者医療制度も支援	P.158
	障害福祉で地域生活支援拠点等に拠点コーディネーターを配置することを評価する「地域生活支援拠点等機能強化加算」を新設	P.166
	事業所・施設で義務づけられている「障害者虐待防止措置」が未実施の場合の減算規定を設置	P.166
	重度訪問介護利用者が入院する場合の連携を評価する「入院時支援連携加算」を新設	P.168
	高齢の障害者に対し居宅介護についても国庫負担基準を明記	P.168
	身寄りのない高齢者への包括的な相談・調整窓口の設置	P.172
	身寄りのない高齢者などを対象とした意思決定支援や日常生活支援、身元保証を提供していく	P.172

施行期日	改正事項	参照項ページ
2024年4月 （一部6月）	すべてのLIFEへの情報提供タイミングを「3カ月に1回」に揃える	**P.150**
	LIFEへの情報提供のタイミングを揃えることで起こる入力作業の煩雑さを防ぐため、複数の加算で共通する項目の選択肢を統一	**P.150**
2024年6月	従来の処遇改善加算を一本化し加算ごとのルールを統一	**P.42**
	訪問看護の初回加算で退院当日に訪問した場合の評価を追加	**P.74**
	診療報酬に合わせ訪問看護のターミナルケア評価の引上げ	**P.74**
	訪問看護の24時間対応の負担軽減のため条件付きで保健師や看護師以外の職員でも家族等からの電話対応を可能に	**P.74**
	居宅療養管理指導で薬剤師による在宅薬学管理やICT服薬指導などに新評価を追加	**P.78**
	居宅療養管理指導で管理栄養士や歯科衛生士の介入範囲を拡大	**P.78**
	リハビリテーションマネジメント加算は栄養・口腔・リハの一体化をテーマとした区分を新設	**P.88**
	予防リハは利用が12カ月を超えた場合の減算を拡大	**P.88**
	医療機関と介護保険施設との協力関係を責務として明確化	**P.160**
	介護保険施設から医療機関への入院受入れを報酬上で評価	**P.160**
	感染対策向上加算の要件に医療機関から介護側への助言を追加	**P.162**
	介護現場での緩和ケアや褥瘡ケアについて医療機関からの助言を追加	**P.162**
	「入退院支援加算」の連携機関数の内訳について具体的な数を明記	**P.164**
2024年8月	物価高騰を踏まえ介護保険施設で居住費の基準費用額を引上げ	**P.26**
2024年 12月	現行保険証は2024年12月に廃止後マイナ保険証に移行	**P.156**
	現行保険証は最長1年間の経過措置とともに資格確認書交付も行なう	**P.156**
2025年4月	事業所の「重要事項」を原則としてウェブサイトに掲載することを義務化	**P.50**
	医療機関から都道府県知事へかかりつけ医機能の報告を求める	**P.170**
	かかりつけ医機能の提供内容を患者へ説明することを努力義務化	**P.170**
2025年8月	老健と介護医療院の多床室でも室料負担を求める	**P.26**
公布から4年 以内に施行	介護情報基盤の整備を「地域支援事業」で行なうことを定める	**P.54**

14

第 1 章

ここが変わった！ 介護保険
2024年度の主な改正点

介護保険法

原則全サービス事業者に
毎会計年度の経営情報提出を義務化

**改正の
ポイント**

☑ 都道府県に提出し厚労省がデータベース化
☑ 介護サービス情報公表制度でも財務諸表公表

提出情報は「収益および費用の内容」など

　2023年の介護保険法改正により、原則として全介護サービス事業者に都道府県への経営情報の提出の義務づけが行なわれました（介護保険法第115条の44の2）。

　提出頻度は会計年度ごとで、提出期限は毎会計年度の終了から3カ月以内となります。ただし、初回に限っては2024年度中で構いません。

　提出する情報は、各事業所・施設に関する以下の4つです。①名称およびその所在地などの基本情報。②収益および費用の内容、③職員の職種別の人員数、その他の人員に関する事項、④その他の必要な事項となります。

　なお、上記の他に、提出が任意とされた項目に、「職種別の給与（給料・賞与）および、それぞれの人数」も示されています。

小規模事業所など提出免除の規定もある

　提出の方法ですが、**都道府県知事が同一の情報を閲覧できる状態にすること**が求められます。つまり、電磁的（デジタルデータによる）方法です。具体的には、損益計算書を出力したCSVファイルのアップロードや入力フォームでの入力を予定しています。

　なお、**提出が免除されるケース**もあります。

　1つは、過去1年間でサービス提供を行なったことによる対価（介護給付など）の支払いを受けた金額が100万円以下の場合。これは、小規模事業所であるゆえに実務負担が大きくなることに配慮したものです。

経営情報の提出のイメージ

もう１つは、災害その他の正当な事由により、都道府県へ報告ができない状況がある場合です。こちらは非常時の実務負担への配慮です。

このように、事業者に対して一定の実務負担が想定されますが、それでも義務化が強化された背景には何があるのでしょうか。

今回の義務化の狙いは、介護報酬の改定率などの判断に際して、介護サービス事業者の経営状況をできるだけ正確に把握することにあります。

これまで、介護報酬改定に際しては、３年に一度の介護事業経営実態調査が主な検討材料となってきました。しかし、その調査はサンプル数が限られています。近年の物価高騰や新型コロナ感染症など、経営に大きな影響を与える要因が増える中では、調査の精度を上げる必要があります。

そこで、**原則として全事業所までサンプル数を拡大し、上記の実態調査を補完する**位置づけとしたわけです。

情報の提出を受けた都道府県は、まず独自に情報の分析を行ない、その結果と情報を厚労省に報告します。厚労省は、その報告をデータベース化したうえで、介護事業者の経営状況の把握・分析を行なって公表します。もちろん、介護報酬改定時の検討資料としても活用します。

介護サービス情報公表制度でも財務諸表を公表

なお、2022年の社会保障審議会・介護保険部会の「介護保険制度の見直しに関する意見」では、個々の事業者について、介護サービス情報公表制度においても「財務諸表を公表すること」が求められました。

すでに、社会福祉法人や障害福祉サービス事業所については、財務状況

提出に際してのルール

提出項目

〈必須〉
事業所・施設についての
①名称、所在地その他の基本情報
②収益及び費用の内容
③職員の職種別人員数、その他の人員に関する事項
④その他の必要な事項

〈任意〉
事業所・施設における職種別の給与（給料・賞与）及びその人数

報告期限

毎会計年度終了後３カ月以内。ただし初回に限り、2024年度内提出で可

報告手段

①電磁的方法を利用して、都道府県知事が同一の情報を閲覧することができる状態に置く措置を講ずる方法
②CSVファイルによるアップロード等を予定

報告対象からの除外
①過去１年間で提供を行なった介護サービスの対価として支払いを受けた金額が100万円以下のケース
②災害、その他都道府県知事に対し報告を行なうことができないことにつき正当な理由があるケース

の公表は法令で義務づけられています。しかし、例えば営利法人等による介護サービス事業者には、そうした規定はありませんでした。

そこで、厚労省令を改正し、全事業者が対象となる介護サービス情報公表制度においても、財務状況の公表を義務づけることとなりました。施行は、やはり2024年４月からとなります。

これにより、**利用者は介護サービス情報公表制度を活用しながら、個々の介護サービス事業者の経営状況を閲覧・把握すること**が可能になります。

また、介護サービス情報公表制度で公表が義務づけられる経営情報は、以下のとおりです。具体的には、①事業活動計算書（損益計算書）、②資金収支計算書（キャッシュフロー計算書）、③賃借対照表（バランスシート）です。ちなみに、**公表は法人単位ではなく、原則として各事業所・施設単位**となります。ただし、複数サービスを運営する拠点・法人単位で一体会計としていて、事業所・施設ごとの区分けが困難な場合は除きます。

もっとも、その場合でも、その会計に含まれる事業所・施設を明記して、内訳が明確になるようにする必要があります。

１人あたり賃金等の公表は任意

この介護サービス情報公表制度を使った公開情報をめぐっては、「職員

介護サービス情報公表制度における公表事項の追加

社会福祉法人
社会福祉法施行規則第10条第3項第1号で計算書類の公表を規定

障害福祉サービス事業所
障害者総合支援法施行規則別表第1号第2号及び児童福祉法施行規則別表第2第2号で事業所等の財務状況の公表を規定

社会福祉法人以外が運営する介護サービス事業者
特に規定なし
➡〈改正後〉介護保険法施行規則別表第2で介護サービス情報公表制度を用いた「事業所等の財務状況」の公表を規定

公表を求める財務状況は「事業活動計算書（損益計算書）」、「資金収支計算書（キャッシュフロー計算書）」、「貸借対照表（バランスシート）」

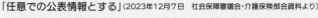

介護サービス情報公表制度での「一人あたり賃金」の公表
「任意での公表情報とする」（2023年12月7日　社会保障審議会・介護保険部会資料より）
➡職種、勤続年数がわかる形での公表が可能になった

1人あたりの賃金や労働時間等」も公表すべきという議論がありました。
これについては、経営情報の提供義務と同じく、公表は「任意」にとどまりました。公表するにあたっては、職種や勤続年数もわかるようにすることが通知改正によって示されています。

あくまで公表は「任意」ですが、事業者にとっては公表へのプレッシャーは大きいでしょう。情報の公表が進めば、求職者も重要な情報としてチェックする可能性が大きいからです。つまり、「賃金等の情報を公表していない」となれば、求職者としては、その時点で就業先候補から外してしまいがちです。人員不足が恒常化している介護業界では、「候補から外されてしまう」のは痛手となります。その点で、**「任意」とはいえ、実質的には「公表の義務化」と同じ効力が生じる**と考えた方がいいかもしれません。

介護保険法

介護予防支援の指定対象拡大など地域包括支援センター業務を再編

改正の ポイント

☑ 居宅介護支援事業者を介護予防支援事業者の指定対象に
☑ 総合相談支援の一部も居宅介護支援等に委託

地域包括支援センターの負担軽減に向けた2つの業務再編

　高齢者を中心とした地域住民の支援において、重要な役割を担うのが地域包括支援センター（以下、包括）です。その包括は多様な業務を担っていますが、**近年は地域住民のニーズが複雑化・多様化する傾向にあり、対応する包括の業務負担は高まっています。**福祉系等の人員不足も深刻な中で、配置する人員を基準以上に増やしていくこともままなりません。

　そこで、包括の業務負担の軽減を図るべく、2023年の介護保険法改正で包括業務の再編が行なわれました。ポイントは2つあります。

介護予防支援の指定事業者に居宅介護支援事業者も追加

　1つは、要支援者を対象とした介護予防支援（総合事業のみの第一号介護予防支援を除く）についてです。これまで、介護予防支援の事業者指定の対象は包括でした。居宅介護支援事業者は包括と連携しながら、業務委託を受けるという形をとっていました。これに対し、事業者指定の対象に居宅介護支援事業者も加えるというのが、今改正の趣旨です。これにより、**居宅介護支援事業者にとっては業務委託ではなく、直接利用者と契約を結べる**ことになります。ただし、介護予防支援を適切かつ有効に進めるうえで必要がある場合、居宅介護支援事業者は包括に助言を求めることができます（介護保険法第115条の30の2第2項）。

　なお、介護保険法では、市町村は地域支援事業の一環として、居宅介護支援事業所が作成するケアプランの検証を行なうことが規定されていま

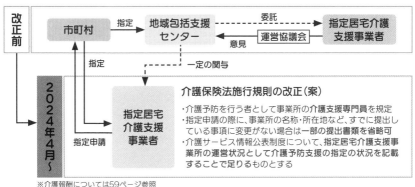

居宅介護支援事業者に関する改正

※介護報酬については59ページ参照

す。今改正では、この検証の対象に介護予防サービス計画（以下、予防プラン）も加えられました。そのうえで、市町村が予防プランの検証に際して「必要がある」と認めた場合に、介護予防支援の指定事業者に対して「予防プランの実施状況」などの情報を求めることができるようになりました（介護保険法第115条の30の２第１項）。

　この指定事業者には、今改正により居宅介護支援事業者も含まれます。つまり、**市町村から求められた場合、居宅介護支援事業者は予防プランをめぐる情報を提出しなければなりません**。具体的に提出する情報の内容については、22ページの図を参照してください。

　なお、こうした情報提供の実務を介護報酬上で評価するしくみも誕生しています。詳細は第２章の59ページを参照してください。

総合相談支援の一部を居宅介護支援事業者等に委託

　包括業務の再編の２つめは、総合相談支援事業の一部が、やはり居宅介護支援事業者へと委託可能になったことです。

　総合相談支援事業とは、地域の高齢者等にかかわる多様な相談を受けて、適切な制度や支援につなげる事業です。高齢者等をめぐる相談というと介護保険関連が中心ですが、家計や家族関係、虐待など相談内容が複雑化・多様化する中で、厚労省の調査でも、包括が「負担と感じる業務」のトップとなっています。この**業務負担の軽減を図るため、相談受付の窓口とな**

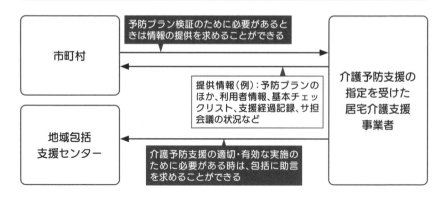

市町村の介護予防支援の指定事業者に対する関与①

市町村 — 予防プラン検証のために必要があるときは情報の提供を求めることができる

提供情報（例）：予防プランのほか、利用者情報、基本チェックリスト、支援経過記録、サ担会議の状況など

地域包括支援センター

介護予防支援の指定を受けた居宅介護支援事業者

介護予防支援の適切・有効な実施のために必要がある時は、包括に助言を求めることができる

るブランチ機能（そこで受け付けた相談内容は包括につなぐ）などを、居宅介護支援事業所などに**委託**することになりました。

この業務委託にあたっては、いくつかの条件があります。

①市町村から委託を受けた包括（委託型）が、委託を行なう場合

委託する事業内容（担当区域や営業日時、委託事業の範囲など）について、あらかじめ市町村直轄の運営協議会に意見を求めます。そのうえで、委託された事業者は、上記の事業内容を市町村に届け出て、市町村が委託型包括に示している包括的支援事業の実施方針に従って事業を実施します。

②市町村直営の包括が、委託を行なう場合

やはり、市町村直轄の運営協議会から意見を聞きます。そのうえで、委託する総合相談支援事業の実施方針を示し、委託された事業者はその実施方針に従って事業を実施します。

人員不足を考慮して柔軟な職員配置も可能に

こうして包括業務を軽減したとしても、地域によって包括の職員がなかなか確保できないという人員不足の問題は残ります。包括では、サブセンターを除き、主任ケアマネジャー・保健師（あるいは看護師）・社会福祉士の3職種の配置が求められますが、その3職種を揃えるのが難しくなっているからです。

そこで厚労省は介護保険法施行規則を改正し、**市町村の判断による包括**

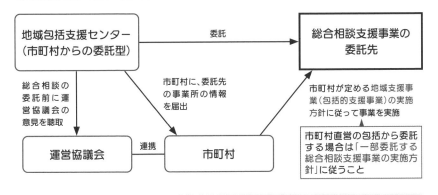

市町村の介護予防支援の指定事業者に対する関与②

地域包括支援センター
（市町村からの委託型）

委託 → 総合相談支援事業の
委託先

総合相談の委託前に運営協議会の意見を聴取

市町村に、委託先の事業所の情報を届出

市町村が定める地域支援事業（包括的支援事業）の実施方針に従って事業を実施

市町村直営の包括から委託する場合は「一部委託する総合相談支援事業の実施方針」に従うこと

運営協議会 — 連携 — 市町村

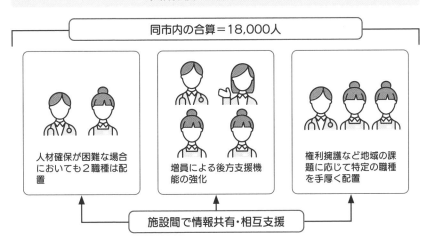

柔軟化後の職員配置の例

同市内の合算＝18,000人

人材確保が困難な場合においても2職種は配置

増員による後方支援機能の強化

権利擁護など地域の課題に応じて特定の職種を手厚く配置

施設間で情報共有・相互支援

への**柔軟な職員配置を可能**としました。現行では、地域の高齢者数に応じて圏域を設定し、そこに包括を設置してそれぞれに3職種を配置しています。これを、複数の圏域を1つのエリアとしたうえで、その中の包括同士が情報共有や相互支援を行なうことにより、地域の実情に応じた人員配置を可能にしました。例えば、ICTの活用などで相互支援を行ないつつ、地域によって2職種配置としたり、逆に課題の多い地域には増員支援を行なうといった具合です。

　なお、この改正にともなう市町村の条例改正については、2025年3月末までの猶予期間を設けるとしています。

介護保険法

介護現場の生産性の向上に向け 都道府県等に取組みの努力義務

改正の ポイント

☑ 現場の生産性向上に資する取組みに努める
☑ 介護保険事業計画等でも定めの努力義務を追加

人員確保困難な中で国が掲げる「生産性の向上」

　将来的に労働力人口の減少が見込まれる中、介護サービス現場でも今以上に人員確保が難しくなることが予想されます。

　これに対し、処遇改善以外で国が掲げる解決策の1つが、「介護現場の生産性の向上」です。2024年度の介護報酬・基準改定でも、業務効率化に向けたICT・ロボット活用や介護助手の活用などを推進するための方策が一気に増えています。

　ただし、事業所ごとの自助努力だけでは限界もあります。必要なのは、**地域単位で取組みを推進するためのしくみ**です。

都道府県から市町村への助言と援助を規定

　こうした地域単位での取組みの推進に向け、今改正では地域を取りまとめる都道府県に対しての**努力義務**を定めました。

　1つは、生産性向上に向けての都道府県の責務です。

　もともと介護保険法では、都道府県に対して「（市町村が実施する）介護保険事業の運営が健全かつ円滑に行なわれるように、必要な助言および適切な援助をしなければならない」とされています（第5条第1項）。

　今改正では、この規定の実施にあたっての規定がプラスされました。それは、**介護サービス事業所・施設における**「**業務の効率化、介護サービスの質の向上、その他の生産性の向上に資する取組みが促進されるよう努めなければならない**」というものです（第5条第3項）。

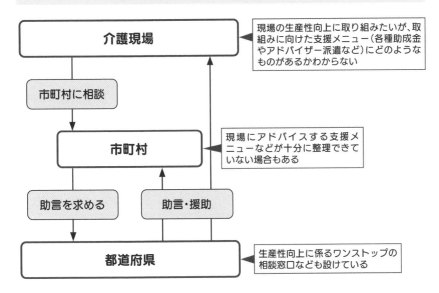

都道府県等に新設された努力義務の背景

介護現場 → 現場の生産性向上に取り組みたいが、取組みに向けた支援メニュー（各種助成金やアドバイザー派遣など）にどのようなものがあるかわからない

市町村に相談

市町村 → 現場にアドバイスする支援メニューなどが十分に整理できていない場合もある

助言を求める　助言・援助

都道府県 → 生産性向上に係るワンストップの相談窓口なども設けている

介護保険事業計画等でも「生産性向上」の規定を追加

　もう１つは、市町村が改定年度ごとに策定する介護保険事業計画、そしてそれを支援する都道府県による介護保険事業支援計画で、市町村と都道府県が連携しながら、やはり「現場の生産性向上」に資する取組みに関する事項を求めたことです（第117条第5項・第118条第3項第4号）。

　こちらも**努力義務**ではありますが、３年後には必須事項に格上げされる可能性もあります。そうなれば、「現場の生産性向上」に係る分析と目標の設定、実績の評価も必要となります。

　いずれにしても、**介護保険事業計画や同支援計画に盛り込まれるとなれば、地域医療介護総合確保基金などを活用しながら、地域ごとにさまざまなモデル事業も展開される**ことになりそうです。

　例えば、最新技術によるICT・ロボットの活用、現場業務の分析を通じたシフトの再編、介護助手の採用などに関する斬新な取組み等、さまざまなモデル事業のテーマが記載されることになるでしょう。自事業所・施設を管轄する自治体が、事業計画等にどのような記載を盛り込むことになるのか。現場としても、特に注目したいテーマの１つです。

厚生労働省令

老健と介護医療院の多床室に 給付外での「室料負担」を導入

改正の ポイント
- ☑ 対象は療養型等の老健とⅡ型の介護医療院
- ☑ 物価高騰を踏まえ、居住費の基準費用額もアップ

居住費のうち「室料」の負担をめぐる流れ

　介護老人福祉施設〈特別養護老人ホーム（以下、特養）〉や介護老人保健施設（以下、老健）などの介護保険施設では、2005年10月より、個室の居住費（室料＋光熱水費）が介護給付から外されました。介護サービス費の自己負担とは別に、負担が発生するわけです。一方で、多床室（4人部屋など）については、光熱水費だけが自己負担となっていました。

　その後、この自己負担の範囲は拡大されます。2015年度からは、特養の多床室（4人部屋など）でも、一定の所得がある人について光熱水費の他に室料の負担が求められました。これは、**特養では死亡退所が多く、事実上の「生活の場」として選択されていることから、在宅での家賃負担等との均衡を図ることが目的**です。

新たに多床室に室料負担が発生する施設類型

　これに対し、老健や2018年度に誕生した介護医療院では、多床室でも室料負担は発生していませんでした。

　しかし、これらの施設でも、**類型によっては死亡退所が多いことが指摘されています。**この指摘を受け、以下の類型に対して、多床室でも光熱水費に加え室料負担を求めることになりました。

　①老健のうち、在宅復帰・療養機能についての「超強化型」「在宅強化型」「加算型」「基本型」のいずれにも属さない「その他型」

　②老健のうち、2018年度末までに療養病床等から移行した「療養型」

③介護医療院のうち、老健を参考に人員基準等を設定した「Ⅱ型」

なお、いずれのケースも**1人あたり面積が8㎡以上**の場合に限ります。

また、新たに負担増となる金額ですが、基準費用額としては1日あたり260円（引上げ分の報酬減算もあり）相当となります。ただし、低所得者（負担段階1～3の人）については、補足給付によって負担増は発生しません。

ちなみに施行時期ですが、すでに入所している利用者の負担増に配慮し、周知期間を設ける点から2025年8月としています。

なお、注意したいのは、**上記のタイミング以前に、別途施設入所者の負担増が行なわれる**ことです。それは、昨今の物価高騰を受け、光熱水費を含む居住費の基準費用額を引き上げるとする改定です。

具体的には、2023年度の介護事業経営実態調査の結果を勘案し、基準費用額が1日あたり60円引き上げられます。こちらは、施設の類型、部屋のスタイルにかかわらず適用され、施行は2024年8月となっています。

ただし、補足給付で負担が0円となっている利用者負担第1段階（生活保護受給者など）については、引き上げとはなりません。

介護保険施設での「室料負担」に関する経緯

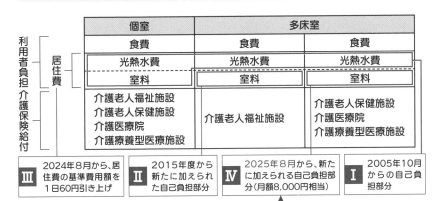

〈対象となる施設類型〉
①老健のうち、在宅復帰・療養機能についての「超強化型」「在宅強化型」「加算型」「基本型」のいずれにも属さない「その他型」
②老健のうち、2018年度末までに療養病床等から移行した「療養型」
③介護医療院のうち、老健を参考に人員基準等を設定した「Ⅱ型」

※Ⅲ・Ⅳともに、低所得者については対象外のケースあり
※介護療養型医療施設は、2024年3月末で廃止

厚生労働省令

第1号保険料の標準段階を9→13に
所得の再分配機能を強化

**改正の
ポイント**

☑ 高所得者の段階数・乗率で保険者の平均を勘案
☑ 低所得者の公費軽減後の乗率をさらに引き下げ

上昇する介護保険料で低所得者への対策は？

　介護保険の財源のうち、65歳以上が負担する第1号保険料の月あたり平均は、2021〜2023年度で6,014円。これは、介護保険がスタートした当初の月平均2,911円の2倍以上となっています。団塊ジュニアの多くが65歳以上となる2040年度には、9,200円になるという試算もあります。

　高齢者の所得格差も広がる中、保険料の高騰は低所得者に大きな負担となります。実際に保険料を設定する保険者（市町村）としては、高所得者を対象に所得別の保険料段階を細分化したり、保険料の乗率を引き上げることで、低所得者の負担をカバーしてきました。

　一方で、国も保険料の標準段階や最高乗率を示しています。しかし、**住民の所得実態に合わせなければならない保険者は、国が示す「標準」を超える多段階化や最高乗率の引き上げ**をさらに進めています。

　国としては、こうした動きに追随する形で、例えば保険料段階について5段階→6段階→9段階と増やしてきました。

保険者動向に合わせて多段階化＆最高乗率の引上げ

　しかし、2020年4月時点で、国の設定する9を超える多段階化を図る保険者が半分以上で、最高で25段階というケースもあります。

　そこで、国も**保険者の動向に合わせて、2024年度から13段階に引き上げる**こととしました。高所得者の乗率についても、これまでの第9段階

2024年度からの第1号保険料で国が示す標準段階は「9」→「13」

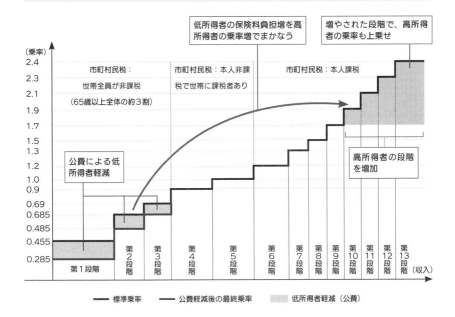

低所得者の保険料負担増を高所得者の乗率増でまかなう

増やされた段階で、高所得者の乗率も上乗せ

市町村民税：世帯全員が非課税（65歳以上全体の約3割）

市町村民税：本人非課税で世帯に課税者あり

市町村民税：本人課税

公費による低所得者軽減

高所得者の段階を増加

第1段階 第2段階 第3段階 第4段階 第5段階 第6段階 第7段階 第8段階 第9段階 第10段階 第11段階 第12段階 第13段階 （収入）

━━ 標準乗率　　━━ 公費軽減後の最終乗率　　▨ 低所得者軽減（公費）

の1.7から第10段階以降を1.9 ～ 2.4と引き上げます。そのうえで、高所得者の乗率引き上げ分を、低所得者の乗率引き下げに充てるとしています。

　もともと1～3段階の低所得者については、公費による保険料負担の軽減策がとられています。今回の国による高所得者の多段階化と乗率引き上げにより、低所得者の負担軽減に充てられている公費の一部を、現場の従事者の処遇改善などに充てることも示されました。

低所得者乗率は公費支援も含めてさらに引下げ

　最終的に、第1～3段階の低所得者の乗率はどうなるのでしょうか。

　見直し前の負担軽減後の乗率では、第1段階（本人の年金収入等80万円以下など）で0.3、第2段階（本人の年金収入80万円超120万円以下）で0.5、第3段階（本人の年金収入120万円超）で0.7となっています（1～3段階のいずれも「世帯全員が住民税非課税」が前提）。

　これが、**見直し後は第1段階で0.285、第2段階で0.485、第3段階で0.685**と、さらに引き下げられることになりました。

厚生労働省令

2割負担者の範囲拡大の行方は？
2027年度の前まで結論先延ばし

**改正の
ポイント**

☑ 2割負担者の範囲拡大は2027年度の前まで結論先送り

☑ 負担上限額を設けるか否かについても継続検討

応能負担の趣旨を踏まえ2割負担拡大案が浮上

　負担と給付の論点において、介護保険を利用する人の最も気になるテーマが「2割負担の人の範囲を拡大する」という案です。

　ご存じのとおり、介護保険でサービスを利用する場合、利用者はその費用の1〜3割を負担します。制度スタート時は「1割」に限定されていましたが、2015年8月に「一定以上所得者」に「2割負担」が、2018年8月には「現役並み所得者」に「3割負担」が導入されました。

　いずれも、介護給付が増え続ける中、「負担できる人には相応に負担してもらう」という趣旨による改革です。この改革をさらに進めようというのが、「2割負担者の範囲拡大」です。言い換えるなら、**2割負担の対象である「一定以上所得」の判断基準を見直す**というものです。

　現在の「一定以上所得」基準は、以下の①、②を同時に満たす場合です。

　①本人の合計所得金額が160万円以上220万円未満であること（220万円以上でも「3割負担」の条件に満たない場合は「2割負担」）

　②年金収入＋その他の合計所得金額が、単身世帯で280万円以上、夫婦世帯で346万円以上であること

　この場合の「一定以上所得者（現役並み所得者含む）」は、被保険者全体の上位20％にあたります。ところが、**実際の利用者ベースでの割合は、**（3割負担を含めた累積）**8.2％にとどまります。**

　この数字から、財務省などは「一定以上所得者」の「所得」の判断基準を引き下げることを主張してきました。

利用者負担割合の現行での判断基準

第1号被保険者（35,886,884人）

本人の合計所得金額が220万円以上

本人の合計所得金額が160万円以上220万円未満

本人の合計所得金額が160万円未満

年金収入＋その他合計所得金額が単身世帯で340万円以上、夫婦世帯で463万円以上

左記以外

年金収入＋その他合計所得金額が単身世帯で280万円以上、夫婦世帯で346万円以上

左記以外

3割負担
利用者に占める割合は3.6%

2割または1割負担

2割負担
利用者に占める割合は4.6%

1割負担

1割負担

※第2号被保険者、市町村民税非課税者、生活保護受給者の場合、上記フローにかかわらず、1割負担
※第1号被保険者数、うち2割負担対象者及び3割負担対象者の数は「介護保険事業状況報告（令和3年度）」による

「利用控え」への懸念等から今回は見直しを断念

　ただし、逆に考えれば、「2割負担」であるゆえに「サービスの利用控え」が生じている可能性もあります。**所得の判断基準を今以上に引き下げた場合、「利用控え」がさらに広がり、重度化を招く可能性も指摘されています。**

　政府は当初「2024年度までに結論を出す」としていましたが、上記のような慎重論も根強く、大臣折衝を経て、次の制度改正年度にあたる「2027年度」の前までに結論を出すという具合に先送りが決まりました。

　なお、今後の議論では、以下の2案を軸にするとしています。

　①直近の被保険者の所得等に応じた分布を踏まえ、「一定の負担上限額を設けずとも、負担増に対応できる」と考えられる人を2割負担の対象。

　②「一定の負担上限額」を設けたうえで、①よりも広い範囲の利用者について2割負担の対象とする――というものです。

　なお、②についてはサービス利用等への影響を分析し、負担上限額の在り方について2028年度までに必要な見直しの検討を行なう予定です。

厚生労働省令

2021年度の運営基準改定の一部で経過措置が終了

改正のポイント

☑ 2023年度末での経過措置が終了する3つの基準
☑ 未実施の場合の減算適用は2項目だが例外あり

感染症対策の強化などが完全義務化

　2021年度改定では、全サービスを対象に、「感染症対策の強化」、「業務継続に向けた取組み強化」、「高齢者虐待防止の推進」という3つの義務規定が設けられました。いずれも2024年3月末までの経過措置がとられ、2024年4月から完全義務化となります。

　完全義務化以降の取扱いですが、一部については、例外規定を設けたうえで、未実施の場合の基本報酬の減算も定められました。

感染症対策の強化について

　まずは、新型コロナの感染拡大を機に定められた「感染症対策の強化」です。2021年度改定の具体的な内容は、以下のとおりです。

　①施設サービスについて、「委員会の開催（3カ月に1回以上）」、「指針の整備」、「研修の実施（年2回以上。他に新規採用時に実施）」に加え、「訓練（シミュレーション）の実施（年2回以上）」が義務化されたこと

　②①以外の全サービスについて、「委員会の開催（6カ月に1回以上）」、「指針の整備」、「研修の実施（年1回以上。他に新規採用時が望ましい）」、「訓練（シミュレーション）の実施（年1回以上）」が義務化されたこと

　2024年度から完全義務化となるのは、①では「訓練（シミュレーション）の実施」、②では全部ということになります。

　この項目については、完全義務化後の減算規定などは設けられていません。つまり、**他の運営基準と同様、違反した場合には行政指導・命令等を**

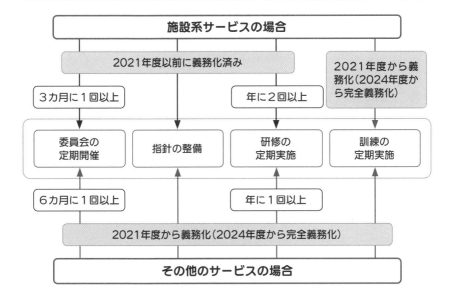

感染症対策の強化に向けた義務化

施設系サービスの場合

2021年度以前に義務化済み

2021年度から義務化（2024年度から完全義務化）

3カ月に1回以上　　　年に2回以上

| 委員会の定期開催 | 指針の整備 | 研修の定期実施 | 訓練の定期実施 |

6カ月に1回以上　　　年に1回以上

2021年度から義務化（2024年度から完全義務化）

その他のサービスの場合

経て、**行政処分が下される**という流れになります。

　なお、施設系や居住系サービスについては、感染症発生時を想定したうえで、協力医療機関と診療対応の取り決めなどを行なっている場合などを評価した加算が誕生します。詳細は136ページを参照してください。

業務継続に向けた取組み強化について

　3年の経過措置が終了する2つめの項目が、「業務継続に向けた取組みの強化」です。これも全サービス対象で、感染症および自然災害の発生時を想定した「業務継続計画（以下、BCP）の策定」、「策定したBCPに従い全従事者への研修実施」、「同じくBCPに従った全従事者を対象とした訓練（シミュレーション）の実施」が義務化されました。

　ポイントは、入口となるBCPの策定です。2023年度の報酬・基準改定の検証調査によれば、「策定済み」あるいは「策定中」という回答が、感染症に関して83.9%、自然災害に関して81.7%となっています。

　この数字から、**経過措置は予定どおり終了します**（なお、みなし指定が**多い居宅療養管理指導については、さらに経過措置が3年延長されます**）。

業務継続計画未策定の事業者への減算

業務継続計画（BCP）の策定等の取組み

・業務継続計画（BCP）の策定（感染症・自然災害）
・上記に従い必要な措置を講ずること

2024年4月時点で未策定の場合

業務継続計画未策定減算（居住療養管理指導、特定福祉用具販売を除く）
施設・居住系サービス　所定単位数から3％減算
その他のサービス　所定単位数から1％減算

2025年3月末まで減算を適用しない経過処置の対象

①「感染症の予防およびまん延の防止のための指針の整備」＋「非常災害に関する具体的計画の策定」を行なっている場合
②訪問系サービス、福祉用具貸与、居宅介護支援

　ただし、BCP策定が一定程度滞っていることも事実です。そこで、**取組みの徹底を求めるために、感染症・自然災害のBCPのいずれか、あるいは両方が未策定の場合に、減算規定が設けられる**ことになりました。

　なお、3年後の2027年3月末までは「減算を求めない」という例外ケースも設定されています。具体的には、以下のとおりです。

　(1)感染症の予防・まん延防止のための指針を策定していること。および、自然災害に関する具体的な計画の策定を行なっている場合

　(2)感染症の予防・まん延防止のための指針整備が義務化されてから間がなく、自然災害に関する具体的な計画策定が求められていないサービス

　具体的には、訪問系サービス、福祉用具貸与、居宅介護支援です。

高齢者虐待防止の推進について

　経過措置終了の3つめの項目が、高齢者虐待防止の推進です。これも全サービスが対象で、以下の内容が2024年度から**完全義務化**となります。

　（1）虐待防止のための対策を検討する委員会を定期的に開催すること

　（2）（1）の結果について、従事者に周知徹底すること

　（3）虐待防止のための指針を整備すること（基本的考え方など9項目）

高齢者虐待防止の取組みが未実施の場合の減算

高齢者虐待防止の取組み

- ・高齢者虐待防止のための対策を検討する委員会開催
- ・上記の委員会の結果について従事者に周知徹底を図る
- ・高齢者虐待防止のための指針を整備する
- ・従事者に対し、虐待防止のための研修を定期的に開催
- ・これらの取組みを適切に実施するための担当者を配置

2024年4月時点で未実施の場合

高齢者虐待防止措置未実施減算　所定単位数の1％減算

（4）従事者に対し、虐待防止のための研修を定期的（施設系で年2回以上、それ以外のサービスで年1回以上）実施すること

（5）（1）～（4）を適切に実施するための担当者を配置すること

　上記に加え、**事業所・施設の運営規程に、「虐待防止のための措置に関する事項」**を定めることも義務づけられています。

こちらも未実施の場合の減算規定を設けた

　経過措置は終了しますが、高齢者虐待防止の取組みの徹底を図るために、ここでも2024年度から未実施の場合の減算規定が設けられます。

　ただし、やはり2023年度の報酬・基準改定の検証調査において、一部「未実施」が多いサービスが見られます。それが、居宅療養管理指導と福祉用具貸与（特定福祉用具販売を除く）です。

　居宅療養管理指導については、業務継続計画の項と同様、見なし指定が多いという事情から経過措置そのものが3年延長されます。

　福祉用具貸与については、サービスのスタイルが他と異なることなどを踏まえ、減算規定を3年間猶予する措置がとられました。

　なお、従事者による虐待の中には、従事者にかかるストレスが要因となっているケースも多いことから、従事者のストレス対策について国の補助事業などの充実を図るとしています。

厚生労働省令

身体的拘束等の適正化の推進を全サービスに拡大

**改正の
ポイント**

☑ 訪問・通所系でも身体的拘束の原則禁止を規定
☑ 短期入所・小規模多機能系にも未実施減算を創設

これまで一部サービスにとどまっていた規定を標準化

　厚労省は、高齢者虐待防止法における「身体的虐待の例」として、「緊急やむを得ない場合」以外の身体的拘束をあげています。

　これを受け、介護保険サービスの運営基準でも、身体的拘束の原則禁止や「やむを得ず実施する場合」の規定を設けています。身体的拘束廃止に向けた取組みが未実施の場合、基本報酬を減算する規定も定めています。

　ただし、これまではいずれの規定の適用も一部サービスにとどまっていました。**身体的拘束のあり方は利用者の尊厳保持にかかわる課題であり、サービスの質向上の観点からの規定の拡大が求められました。**

運営基準上の規定・適正化の取組みの拡大

　そこで、2024年度改定では、以下の2つの見直しが行なわれました。

　①運営基準上の「身体的拘束の原則禁止」や「緊急やむを得ない場合の実施に係る記録等の規定」について、**これまで規定がなかった訪問系・通所系・福祉用具系、および居宅介護支援にも適用**すること

　②施設系・居住系では、身体的拘束等の適正化に向けた取組み（委員会の開催等、指針の整備、研修の定期的な実施）が義務化され、①の「緊急やむを得ない場合の実施に係る記録等」も含めて未実施の場合には、減算規定が設けられている。この減算規定を、**短期入所系・小規模多機能系にも適用する。**ただし、1年間の経過措置を設ける

　ちなみに、②については基本報酬が1日1％減算されます。

身体的拘束などに関する規定の変化

> **I** 運営基準上の「身体的拘束の原則禁止」や「記録等」の規定

改定前の適用対象
施設系・居住系・短期入所系・小規模多機能系
＋
改定後の適用対象拡大
訪問系・通所系・福祉用具系・居宅介護支援

> **II** 運営基準上の「身体的拘束等の適正化のための措置に関する規定」（下記の取組み）及び
> Iの「記録等」の未実施の場合の減算（所定単位数の1％）

①身体的拘束等の適正化のための対策を検討する委員会の開催（3カ月に1回以上）
②①の結果について、従事者に周知徹底を図ること
③身体的拘束等の適正化のための指針を整備すること
④従事者に対し、身体的拘束等の適正化のための研修を定期的に実施すること

改定前の適用対象
施設系・居住系
＋
改定後の適用対象拡大
短期入所系・小規模多機能系

1年間（2025年3月末まで）の経過措置あり

「緊急やむを得ない場合」の要件とは何か？

　今改定により、上記①、②が初めて適用されるサービスとしては、運営基準上で「行なうべきこと」の詳細が気になると思います。

　例えば、①、②に共通する「緊急やむを得ない場合の身体的拘束等の実施に係る記録」ですが、記載すべき事項は以下のとおり。（1）身体的拘束等の態様、（2）（1）の時間、（3）その際の利用者の心身の状況、（4）「緊急やむを得ない場合」のその理由、などとなっています。

　なお、（4）の**「緊急やむを得ない」場合とは、以下の3つの要件をすべて満たすことが必要です。**〈1〉切迫性（利用者本人または他の利用者等の生命、身体、権利が危険にさらされる可能性が著しく高いこと）、〈2〉非代替性（身体拘束その他の行動制限を行なう以外に代替する方法がないこと）、〈3〉一時性（身体拘束その他の行動制限が一時的であること）という具合です。

介護職員等のさらなる賃上げに向け 月6,000円相当の補助金

改正の ポイント

☑ ベースアップ等支援加算算定（4月以降も可）の事業所が対象
☑ 事業所判断で介護職員以外への柔軟な配分も

他産業の賃金水準が上昇する中での追加策

　介護従事者の処遇改善については、介護報酬における処遇改善加算に加え、その時々で公費による補助金支給も実施されてきました。

　直近では、2022年2月分から9月分の賃金アップに充てることを狙った**介護職員処遇改善支援補助金**があります。この補助金により、月額平均9,000円相当の賃金引き上げが図られました。

　ちなみに、**この補助金は同年10月から、介護報酬上の介護職員等ベースアップ等支援加算（以下、ベースアップ等支援加算）**に移行しています。

　しかし、この補助金および新加算が設けられても、介護職員等の月あたり賃金額は、全産業平均との差が依然として6～7万円近くあります。

　多くの産業では、近年の物価上昇を見込んで賃金水準をさらに引き上げていて、上記の差はさらに開くことが懸念されます。これを放置すると、介護人材が他業界に流出する可能性も高まることになります。

対象期間は2～5月。それ以降は新処遇改善加算へ

　そこで、政府は2023年度の補正予算を編成し、その中に新たな介護職員処遇改善支援補助金を設けました（補正予算は11月29日に成立）。

　補助金額は、常勤換算の介護職員1人あたり月額平均6,000円です。介護職員だけでなく、その他の職種の処遇改善にも充てることができます。

　具体的な交付金額は、介護報酬の処遇改善加算と同様に、サービス別に定められた交付率を介護報酬に乗じる形で算出されます。サービス別の交

2024年2月からの介護職員処遇改善支援補助金のしくみ

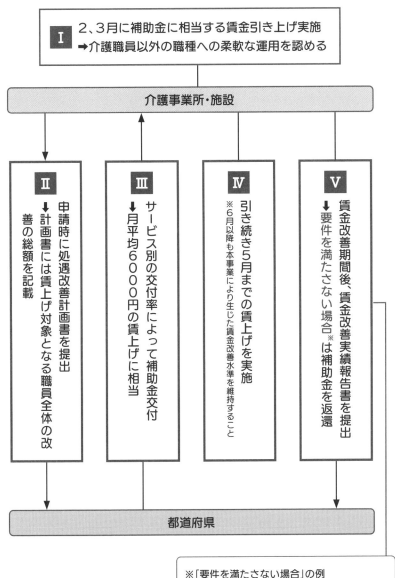

Ⅰ 2、3月に補助金に相当する賃金引き上げ実施
➡介護職員以外の職種への柔軟な運用を認める

介護事業所・施設

Ⅱ
申請時に処遇改善計画書を提出
➡計画書には賃上げ対象となる職員全体の改善の総額を記載

Ⅲ
サービス別の交付率によって補助金交付
➡月平均6000円の賃上げに相当

Ⅳ
引き続き5月までの賃上げを実施
※6月以降も本事業により生じた賃金改善水準を維持すること

Ⅴ
賃金改善期間後、賃金改善実績報告書を提出
➡要件を満たさない場合※は補助金を返還

都道府県

※「要件を満たさない場合」の例
補助額に相当する賃金引上げが行われていない、虚偽または不正な手段を補助金を得た場合、次ページの②の要件を満たしていない、など

付率については、41ページの図を参照してください。

　対象期間は2024年2月から5月。2月・3月については、事業所・施設が先行して賃金引き上げを行ない、そのことを要件として、賃金引上げ分に相当する補助金が交付金を扱う都道府県より支払われるしくみです。

　なお、**6月以降について**、国は「**以降も別途、賃上げ効果が継続される取組みを行なう**」としています。具体的には、介護報酬上での新しい処遇改善加算の実施となります（42ページ参照）。

賃金引上げ先行の他に２つの受給要件がある

　この補助金は、各事業所・施設に支払われますが、受給するための要件としては、先に述べたように2024年2月・3月に補助金相当額の賃金引き上げを先行して実施することが求められます。

　それ以外の要件もあります。具体的には、以下のとおりです。

　①2022年10月からのベースアップ等支援加算を取得していること。ただし、必要な準備・届出等が間に合わない場合は、2024年2月・3月はベースアップ等支援加算を算定していなくてもよい。

　②補助額の２／３以上は、介護職員等の月額賃金の改善に使用すること。

　②の「月額賃金」とは、「基本給」または「決まって毎月支払われる手当」を指します。「夜勤手当」のように、変動しやすい手当は対象となりません。

　なお、就業規則の改正に一定の時間を要することから、②の要件は「４月以降」の適用となります。つまり、**2月・3月分については、補助金全額を一時金として従事者に支払うやり方でも構わない**ことになります。

都道府県に「計画書」と「報告書」を提出

　申請の方法ですが、各事業所・施設が都道府県に対し、介護職員、その他職員の賃金改善額を記した**計画書**を提出することが必要です。そのうえで、賃金改善期間（２〜５月）が経過した後に、計画通りに賃金改善がなされたことを示す**実績報告書**を提出しなければなりません。

　この場合の「計画書」「報告書」ですが、**賃金改善の対象となる職員全体**についての「**賃金改善額の総額**」を記せばOKです。

介護職員処遇改善支援補助金のサービスごとの交付率
～各交付率を所定の介護報酬に乗じる形で交付額を算出～

サービス区分	交付率（%）
・訪問介護 ・夜間対応型訪問介護 ・定期巡回・随時対応型訪問介護看護	1.2
・（介護予防）訪問入浴介護	0.7
・通所介護 ・地域密着型通所介護	0.7
・（介護予防）通所リハビリテーション	0.6
・（介護予防）特定施設入居者生活介護 ・地域密着型特定施設入居者生活介護	0.8
・（介護予防）認知症対応型通所介護	1.4
・（介護予防）小規模多機能型居宅介護 ・看護小規模多機能型居宅介護	1.0
・（介護予防）認知症対応型共同生活介護	1.3
・介護老人福祉施設 ・地域密着型介護老人福祉施設入所者生活介護 ・（介護予防）短期入所生活介護	0.9
・介護老人保健施設 ・（介護予防）短期入所療養介護（老健）	0.5
・介護医療院 ・（介護予防）短期入所療養介護（医療院、病院など）	0.3

※各交付率を所定の介護報酬に乗じる形で交付額を算出
※訪問看護、訪問リハビリ、福祉用具貸与・販売、居宅療養管理指導、居宅介護支援（それぞれ予防含む）は交付対象外

厚生労働省令

従来の各種処遇改善加算を一本化
職種配分やベア改善のルールも統一

**改正の
ポイント**
- ☑ 従来加算の取得促進を目指した一本化策
- ☑ 加算ごとにバラバラだったルールも統一

処遇改善加算の算定率アップも大きな課題

　介護従事者の処遇改善については、前項の新たな補助金が、今後介護報酬にどうやって組み込まれるかに焦点が当てられます。ただし、加算の上乗せの前に解決しなければならない課題もあります。

　それは、これまでの各種処遇改善加算がいまだに算定されていない事業所・施設もあることです。現行の加算取得をいかに促進するか、そのためには何が必要か──こうした課題も大きなポイントです。

　これまでの処遇改善加算は、３階建てとなっています。それぞれに算定の要件や配分のルールが異なり、制度が複雑化して申請実務も煩雑になっていることが、未算定ケースを生じさせている１つの要因です。

　そこで、**2024年6月からは、この３階建ての処遇改善加算の一本化**が図れることになりました。なお、事業所・施設での賃金規定の見直し等の実務負担を考慮して、**2025年3月末までの経過措置**も設けられます。

旧来の「３階建て」の処遇改善加算を整理

　まず、これまでの処遇改善加算の種類を確認しましょう。

　ベースとなる１階部分の加算が、①介護職員処遇改善加算です。３つのキャリアパス要件への対応に応じて3区分（Ⅰ～Ⅲ）に分かれています。

　この①の取得を要件として上乗せ的に算定できるのが、②介護職員等特定処遇改善加算（Ⅰ・Ⅱの2区分）、③ベースアップ等支援加算です。

　①が処遇改善の対象を「介護職員」に絞っているのに対し、②、③はそ

改定前の３階建ての処遇改善加算の要件・ルール

1. 処遇改善加算（2012年改定〜）

				賃金配分ルール	ベースアップなど
ア.職場環境等要件	職場環境等要件から１以上の取り組みを実施	加算Ⅲ 3.3%	加算Ⅱ 6.0%	加算Ⅰ 8.3%	介護職員のみ	
イ.キャリアパス要件	任用要件と賃金体系を整備または研修の実施または研修の機会を確保					
	任用要件と賃金体系を整備及び研修の実施または研修の機会を確保					
	資格などに応じた昇格や定期昇給などのしくみを設ける					

2. 特定処遇改善加算（2019年10月〜）

				賃金配分ルール	ベースアップなど
ア.賃金改善要件	グループごとの配分ルール（右参照。さらにcは440万円未満のみ）	加算Ⅱ 2.3%	加算Ⅰ 2.7%	c:その他の職種 b:その他の介護職員 a:経験・技能のある介護職員 に傾斜配分	なし
	月額８万円改善または改善後賃金年額440万円以上が１人以上				
イ.処遇改善加算要件	処遇改善加算（Ⅰ〜Ⅲのいずれか）を取得				
ウ.職場環境等要件	職場環境等要件から複数の取り組みを実施				
エ.見える化要件	ホームページ掲載などを通じた見える化				
オ.介護福祉士要件	サービス提供体制強化加算などの最上位区分				

3. ベースアップ等支援加算（2022年10月〜）

			賃金配分ルール	ベースアップなど
ア.ベースアップ等要件	賃金改善の合計額の３分の２以上をベースアップなど（基本給または毎月の手当）	1.6%	介護職員（ただし事業所内で自由に配分可）	３分の２以上
イ.処遇改善加算要件	処遇改善加算（Ⅰ〜Ⅲのいずれか）を取得			

※加算率は、特養ホームのものを例として記載

の他の職種への配分を認めています。ただし②については、「経験・技能のある介護職員」への配分を優先しつつ、「その他の介護職員」→「その他の職種」へと傾斜配分することが定められています。また、①、②が「賃金改善の手法」を限定していないのに対し、③は「**賃金改善のうち2／3以上をベースアップ**（「**基本給**」または「**毎月決まって支払われる手当**」）**に充てることが条件**となっています。

３段階を一本化し要件積み重ねの４区分へ

今改定では、この３段階の加算を一本化したうえで、要件を積み重ねていくことで加算率を上昇させる４つの区分へと再編されました。具体的には、一番加算率の高い区分をⅠ、最も低い区分をⅣとし、区分をステップアップするには、低い区分の要件を満たしていることが必要となります。

最も高いⅠを算定するとなれば、Ⅱ〜Ⅳの要件をすべてクリアしていることが必要になるわけです。４区分の全体像や、各ステップ（Ⅰ〜Ⅳ）で満たすべき要件については、45ページの図を参照してください。

注意したいのは、全区分の入口となるⅣの要件の「職場環境等要件」です。これは**改定前の介護職員処遇改善加算の統一要件**ですが、これが**生産性向上のための業務改善の取組みを中心に見直されました**※。

賃金配分とベースアップのルールを統一

問題は、**改定前の加算で職種ごとの配分やベースアップのルールがバラバラになっている**ことです。そこで、以下のルール統一が図られました。
（１）賃金配分について

介護職員への配分を基本とし、特に「経験・技能のある職員」に重点的に配分する。そのうえで、その他の職種を含めた配分ルールについては、事業所・施設内での柔軟な配分を認める。
（２）ベースアップについて

新加算のもっとも低い区分Ⅳの加算額の１／２以上を、ベースアップに充てること。それまでベースアップ等支援加算を算定していない事業所・施設については、新加算取得で増額される旧・ベースアップ等支援加算の分の加算額の２／３以上をベースアップのために新たに配分すること。

※2025年３月末までの経過措置中は、改定前の項目が適用される

新「介護職員等処遇改善加算」の要件とイメージ

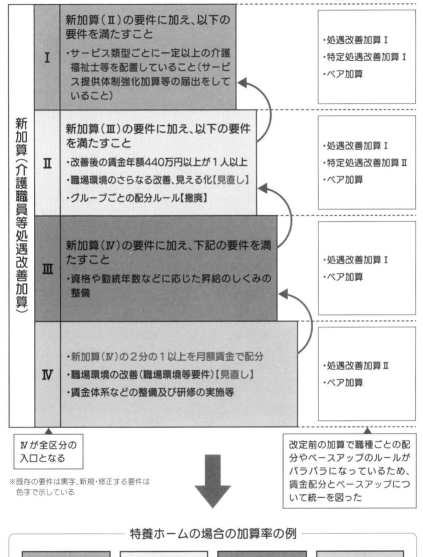

対応する旧加算

新加算（介護職員等処遇改善加算）

Ⅰ	新加算（Ⅱ）の要件に加え、以下の要件を満たすこと ・サービス類型ごとに一定以上の介護福祉士等を配置していること（サービス提供体制強化加算等の届出をしていること）	・処遇改善加算Ⅰ ・特定処遇改善加算Ⅰ ・ベア加算
Ⅱ	新加算（Ⅲ）の要件に加え、以下の要件を満たすこと ・改善後の賃金年額440万円以上が1人以上 ・職場環境のさらなる改善、見える化【見直し】 ・グループごとの配分ルール【撤廃】	・処遇改善加算Ⅰ ・特定処遇改善加算Ⅱ ・ベア加算
Ⅲ	新加算（Ⅳ）の要件に加え、下記の要件を満たすこと ・資格や勤続年数などに応じた昇給のしくみの整備	・処遇改善加算Ⅰ ・ベア加算
Ⅳ	・新加算（Ⅳ）の2分の1以上を月額賃金で配分 ・職場環境の改善（職場環境等要件）【見直し】 ・賃金体系などの整備及び研修の実施等	・処遇改善加算Ⅱ ・ベア加算

Ⅳが全区分の入口となる

※既存の要件は黒字、新規・修正する要件は色字で示している

改定前の加算で職種ごとの配分やベースアップのルールがバラバラになっているため、賃金配分とベースアップについて統一を図った

特養ホームの場合の加算率の例

新加算Ⅰ：	新加算Ⅱ：	新加算Ⅲ：	新加算Ⅳ：
14.0%	13.6%	11.3%	9.0%

厚生労働省令等

原則全サービスを対象とした
人員基準上のさまざまな見直し

**改正の
ポイント**

☑ 業務効率化を推進することを目的とした改定
☑ テレワークの推進やローカルルールの適用など

原則全サービスを対象にした４つの改革

　将来的な労働力人口の減少などを見すえた時、時代や地域の実情に合わせて「働き方の改革」を進めることが欠かせなくなっています。

　介護現場も同様です。政府は規制改革などに向けた工程表を定め、それに沿って介護保険サービスの人員基準にさまざまな見直しを求めました。2024年度の介護報酬・基準改定でも、原則として全サービスを対象に、人員基準上の改革が大きく分けて４つ定められています。

　その４つとは、①人員基準上での「テレワーク」の取扱い、②仕事と治療の両立支援への配慮、③管理者の責務・業務範囲の明確化、④都道府県・市町村におけるローカルルールについて、となっています。

人員基準上での「テレワーク」の取扱い

　介護報酬上の人員基準では、現場に配置すべき人員について定めています。ただし、2023年9月までは、職員がテレワークを行なった場合の取扱いは示されていませんでした。2023年9月の厚労省の事務連絡で、「管理者」については、いくつかの条件のもとテレワークが可能となりました。主な条件は以下のとおりです。

（１）運営基準上の管理者の責務を果たすうえで、支障がないようにする

（２）管理者以外の従事者に、過度な負担が生じないよう留意する

（３）管理者が、従事者・利用者と適切に連絡がとれるようにする

（４）緊急時等に、必要に応じて管理者が速やかに出勤できるようにする

テレワークの「受入れ」に対する職種ごとの反応

「業務の一部をテレワークで行なってもいい」＋「自身がテレワークを行なうことがある」が5割以上	・居宅介護支援、小規模多機能系、認知症GH、施設系のケアマネジャー ・通所介護、特養ホーム、老健の生活相談員・支援相談員 ・小多機系、老健の介護職員 ・特養ホームの管理栄養士 ・特養ホーム、老健の機能訓練指導員・リハビリ職 ・**特養ホーム、老健の医師** ・訪問介護のサービス提供責任者　　**相談支援系の職種は積極的**
「テレワークを行なうべきではない」が5割以上	・訪問介護、通所介護、認知症GH、特養ホームの介護職員 ・通所介護、小多機、特養ホーム、老健の看護職員 ・通所介護の機能訓練指導員 ・老健の管理栄養士・薬剤師　　**介護・看護系は消極的**

※厚生労働省・老人保健課が老健事業をもとに取りまとめたデータを参照し作成

　これらに加えて、当然ながら「個人情報の適切な管理」も必要です。

　この「管理者のテレワーク」の取扱いを、「管理者以外の職種」にまで拡大したのが、2024年度の改定です（居宅療養管理指導は除く）。やはり、**利用者の処遇に支障が生じないこと**等が前提ですが、今回は職種や業務が**多様化するため、それぞれに条件を細かく設定**することになりました。

仕事と治療の両立支援への配慮

　2021年度改定では、仕事と育児や介護との両立に向けた環境整備を進める改革が行なわれました。具体的には、**人員基準上の「常勤」や「常勤換算」の計算に際し、育児・介護休業法における短時間勤務制度等を活用した場合の緩和策**などが打ち出されたことです。

　2024年度改定では、この「両立」について、育児や介護に加え「治療」に焦点を当てた改革が行なわれます。具体的には、以下のとおりです。

　育児・介護休業法だけでなく、「治療と仕事の両立ガイドライン」による短時間勤務制度等を利用する場合にも、週30時間以上の勤務で「常勤」として扱うというものです（常勤換算での計算方法も同様）。

管理者の責務・業務範囲の明確化

　介護サービス施設・事業所では、全サービスについて「管理者は専従・

ガイドラインが対象とする疾患

反復・継続して治療が必要な疾患（短期で治癒する疾患は対象としていない）
例：がん、脳卒中、心疾患、糖尿病、肝炎、その他難病など

両立支援を行なうための休暇制度・勤務制度の整備

・休暇制度：時間単位の年次休暇、傷病休暇・病気休暇
・勤務制度：時差出勤制度、短時間勤務制度（育児・介護休業法にもとづく短時間
　勤務制度とは別）

2024年度の改定（従事者が短時間勤務制度等を活用した場合）
①「常勤」の計算で、週30時間以上の勤務で「常勤」として扱うことを認める
②「常勤換算方法」の計算で、週30時間以上の勤務で常勤換算での計算上も
　1（常勤）と扱うことを認める

常勤の者でなければならない」と定められています。

　ただし、例外として「管理者を務めるサービスの管理上支障がない場合は、他の職務に従事することができる」とされています。

　では、「他の事業所・施設の職務」はどうでしょうか。これについて、改定前は「同一敷地内にある場合なら」という条件が付されていました。

　この条件が、今改定で削除されました。つまり、**敷地が別となる「他の事業所・施設での職務」に就くことも可能**になったわけです。

　この規定の見直しも、将来的な労働力人口の減少などにともなう「現場の担い手不足」に対応したものです。もっとも、ただし書きである「管理上支障がない場合」の解釈が際限なく拡大してしまうと、管理者が担う現場マネジメントの質が揺らぎかねません。

　ポイントとなるのが、運営基準での「管理者の責務」です。例えば、居宅介護サービスの基準では、「利用の申込みに係る調整」「業務の実施状況の把握」「その他の管理」を「一元的に行なう」となっています。

　この「一元的に行なう」という点について、留意事項の通知改正により、「職員および業務の一元的な管理・指揮命令を行なう」ことが明確化されました。際限のない解釈に対する歯止めが設けられたことになります。

都道府県・市町村におけるローカルルール

　政府の規制改革実施計画によれば、管理者・従事者の兼務や経験・資格

人員配置基準等に関する主なローカルルール

ローカルルール（主なもの）	例
（1）管理者の兼務	
同一事業所内における管理者の兼務できる職種の限定	通所介護：管理者と生活相談員の兼務のみ認める
別の事業所における管理者の兼務できる職種の限定	同一敷地内の別の事業所の管理者のみ認める
管理者が兼務できる職種の数の上限の規定	管理者含め2職種まで
管理者が兼務する場合に管理者として従事する時間の規定	当該事業所で管理者業務に従事する時間が50％以上
（2）管理者の経験・資格	
介護サービス、保健医療サービスまたは福祉サービスを提供する事業所における実務経験年数の規定	実務経験として、常勤の場合は概ね〇年以上、非常勤の場合は概ね△日以上の職歴を有する者とする
介護サービス、保健医療サービスまたは福祉サービスの直接処遇の経験年数の規定	直接処遇の経験が概ね〇年以上あること
特定の資格所持の規定	指定通所介護事業所の管理者：社会福祉主事任用資格などを有する者
（4）従業者の経験・資格	
介護サービス、保健医療サービスまたは福祉サービスを提供する事業所における実務経験年数の規定	全従業者のうち、□割以上を直接処遇の経験が概ね〇年以上ある者とする
介護サービス、保健医療サービスまたは福祉サービスの直接処遇の経験年数の規定	生活相談員は直接処遇の経験が〇年以上ある者とする
特定の資格所持の規定	生活相談員は介護支援専門員、介護福祉士等のいずれかの資格がある者

出所：厚生労働省老健局老人保健課（抜粋）

要件等について、自治体ごとに一定のローカルルールが存在したり、個別の実態に応じて判断しているケースが把握されています。

　こうした**ローカルルールの存在は、特に広域で展開している法人にとっては、対応に大きな負担がかかる問題**とされています。

　そこで、都道府県・市町村に対して、以下の内容が求められることになりました。それは、（1）地域の実情に応じた解釈でも、あくまでも厚労省令に従う範囲内とすること。（2）前ページで示した「管理者の兼務」について、個別の事業所の実態を踏まえず、一律に「認めない」のは適切でないこと。（3）事業者から説明を求められた場合には、地域における独自ルールの必要性を説明できるようにすること――というものです。

　特に（3）については、各自治体に大きな責務を求めたことになります。

　国は、事業所の大規模化を推進していますが、その中でハードルとなりえる自治体側の姿勢にクギを刺したといえそうです。

厚生労働省令

事業所の「重要事項」について ネット上での閲覧環境を義務化

改正の ポイント

☑ 原則としてウェブサイトに掲載すること
☑ 介護サービス情報公表制度の活用も可

「重要事項」についてのこれまでの規定

　すべての介護サービス事業所・施設は、介護保険を利用しようとする人のサービス選択に資するよう、いわゆる「重要事項」を、事業所・施設の見やすい場所に掲示することが義務づけられています。

　ただし、「掲示」の代わりに、書面を事業所・施設内に備え付け、関係者がいつでも自由に閲覧できるようにする方法も認められています。

　ちなみに、この場合の「重要事項」とは、厚生労働省令で定められている運営規程の概要や従事者の勤務の体制・職務内容、その他の事項です。もちろん、提供するサービスの内容やその費用（基本報酬の他、各種加算に係る利用者負担、その他の実費負担など）の掲載も必要です。

ウェブサイト掲載も2025年度から義務化

　この「重要事項の掲示等義務」に加え、**2025年4月からは、原則としてウェブサイトにも掲載しなければなりません。**

　これにより、わざわざ事業所・施設に出向いたり、重要事項のコピーなどの送付を要請しなくても、いつでもどこでも閲覧が可能になります。サービスを選ぼうとしている人（ケアマネジャーなどの専門職も含む）の利便性を大きく高めることになります。

　とはいえ、小規模な事業所などは、自身のホームページなどを備えていないケースもあります。そこで、厚労省が運営する介護サービス情報公表制度を活用し、そのサイト上で公表することも想定されています。

「重要事項」をめぐる厚生労働省令について

利用者など「情報を求める人」に示すべき重要事項

- 事業の目的および運営の方針
- 営業日と営業時間
- 通常の事業の実施地域
- 虐待の防止のための措置に関する事項

- 従業者の職種、員数、各職務の内容
- サービスの内容および利用料、その他の費用の額
- 緊急時等における対応方法
- その他運営に関する重要事項

これまでの義務規定

事業所・施設内の見やすい場所に「掲示」、または、事業所内に備え付け、いつでも「自由に閲覧可能」な状態に

サービス利用開始時には口頭で説明等が必要

追加される義務規定

- ウェブサイト上で閲覧可能な状態にすること
- 介護サービス情報公表制度を活用しても可

2025年4月から追加

　介護サービス情報公表制度における掲載方法については、今後、厚労省通知で情報が示されることになるでしょう。

政府のデジタル改革工程表にもとづくもの

　この改定は、政府のデジタル臨時行政調査会（デジタル臨調）が示す改革工程表にもとづくものです。改革工程表は、デジタル原則によるアナログ規制の見直しにかかわり、その中には「必要な講習等の受講や情報の確認について、いつでもどこでも可能にする」ことが示されています。

　今回の「重要事項のネット閲覧を可能にする」という改革も、このアナログ規制の見直しの一環です。この規制見直しは、介護だけでなく、例えば医療分野でも、「入院時の選定療養（差額ベッドなど）の内容や費用」等について、やはりウェブ上で閲覧できるようにすることが求められました。こちらは、2025年5月末までの経過措置をもって義務化されます。

　このように、昨今の現場実務は、政府のデジタル原則にもとづく改革の影響が大きくなっています。**今後も、デジタル臨調の決定を受けて、随時の通知改正などが図られる可能性がある**ので注意しておきましょう。

新法

共生社会の実現を推進するための認知症基本法

改正の
ポイント

☑ 2023年6月に認知症関連の新法成立
☑ 2024年度からの介護保険制度への反映は？

議員立法の認知症基本法が全会一致で可決・成立

2023年6月16日の通常国会で、議員立法である「共生社会の実現を推進するための認知症基本法」が全会一致で可決・成立しました。

その名のとおり、認知症の人への支援のあり方を定めただけでなく、それによって「国民一人一人がその個性と能力を十分に発揮し、相互に人格と個性を尊重しつつ支え合いながら共生する活力ある社会」の実現を目指したものです。これは、認知症の人が暮らしやすい社会は、すべての国民にとっても暮らしやすい社会につながるというビジョンにもとづきます。

この新法は、2024年1月から施行されています。

国会制定法ゆえに政令・省令にも大きく影響

同法では、**認知症の人が尊厳を保持しつつ、希望をもって暮らすことができるようにするための7つの基本理念**が定められています。

ただし、単なる理念法でありません。この理念の実現に向けて、国や自治体の責務とともに、基本的な施策のあり方も示しています。

国会制定法は、行政が策定する政令・省令の上位に位置づけられます。言い換えれば、今後省令で定められる介護保険施策も、今回の新法に則ることが求められることになります。

実際、2024年度から施行される介護保険制度の新たな基準や報酬も、認知症ケアに関して、今回の新法が強く反映されています。

詳細な改定内容は第2章で解説するとして、ここでは、今改定のどのよ

「共生社会の実現を推進するための認知症基本法」と介護保険施策

7つの基本理念より抜粋

- 良質かつ適切な保健医療サービス及び福祉サービスが切れ目なく提供される（理念4より）
- 認知症及び軽度の認知機能の障害に係る（中略）介護方法（中略）その他の事項に関する科学的知見に基づく研究等の成果を広く国民が享受できる環境を整備（理念6より）

基本的施策より抜粋

- 認知症の人の保健、医療又は福祉に関する専門的知識及び技術を有する人材の確保、養成及び資質の向上その他の必要な施策を講ずる
- 認知症及び軽度の認知機能の障害に係る予防、診断及び治療並びにリハビリテーション及び介護方法その他の事項についての基礎研究及び臨床研究の推進並びにその成果の普及のために必要な施策を講ずる

2024年度報酬改定における、認知症ケア関連の既存加算の要件追加や、BPSD予防などに係る新加算の創設など

うな部分に新法が反映されているかという一例を見てみましょう。

施設系等に平時からのBPSD予防を評価する新加算も

例えば、新法の「基本的施策」の中に「保健医療サービスおよび福祉サービスの提供体制の整備等（同法第18条）」が規定されています。

その第3項で「専門的知識および技術を有する人材の確保、養成、資質の向上」が求められています。これを反映したのが、通所介護や小規模多機能系サービスでの**認知症加算の見直し**です。

前者の通所介護では、個別事例の検討や技術的指導の会議の定期開催が要件に加わりました。また、同法第20条では「予防等に係る研究の推進」が規定されています。この場合の予防とは、認知症行動・心理症状（BPSD）の悪化防止も含まれます。これに対応する改定として、**施設系や認知症GHで「平時からのBPSDの予防、早期対処」の取組みを評価する新加算**が誕生しています。

介護保険法

介護情報基盤を整備し
地域支援事業で情報共有等を推進

**改正の
ポイント**

☑ 事業者、利用者等が介護情報を閲覧できる基盤を整備
☑ 介護情報等の共有・活用の推進を地域支援事業で行なう

利用者をめぐる情報にはいろいろなものがある

利用者をめぐる介護情報は多岐にわたります。例えば、要介護認定の情報や介護給付に係るレセプト情報、居宅サービスを利用する場合のケアプラン情報（データ連携のための情報のデジタル化も推進中）など。

加えて、2021年度からは科学的介護の推進のもとで、科学的介護情報システム（LIFE）への情報蓄積も進んでいます。

これらの情報を活用することで、**利用者の自立支援・重度化防止に向けたケアの改善などに役立てることが目指されています。**

分散する情報を収集・整理した情報基盤の整備

ただし、先の情報は一元化や電子化が進んでおらず、事業所間で共有したり、利用者自身が閲覧するには、さまざまなハードルがあります。

そこで、**分散している情報を収集、整理したうえで、自治体、利用者、介護事業所、医療機関などが電子的に閲覧できる情報基盤の整備**が目指されました。問題は、この情報基盤の整備を担うしくみです。

今回の介護保険法の改正では、この情報基盤の整備を「地域支援事業」で行なうことを定めました。地域支援事業とは、介護保険の財源を使いつつ、制度を補完するために市町村が実施するものです。

介護保険法第115条の45では、地域支援事業の中身について定めていますが、この第2項に以下の事業が加えられました（第2項第7号）。

それが、「被保険者の保健医療の向上および福祉の増進を図るため、被

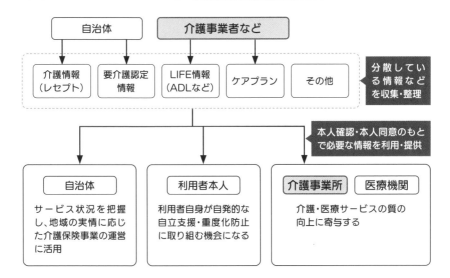

地域支援事業で位置づけられた情報基盤の整備

保険者、介護サービス事業者その他の関係者が、被保険者に係る情報を共有し、および活用することを促進する事業」です。

利用者自身の閲覧で自発的な重度化防止も!?

これにより、以下の効果が期待されています。

例えば、自治体であれば、利用者が受けている自立支援・重度化防止の取組みの状況等を把握し、地域の実情に応じた介護保険事業の運営に活用すること。利用者であれば、自身の介護情報を閲覧できることで、自発的な自立支援・重度化防止の取組みの推進につながること。

さらに、介護サービス事業者や医療機関においては、情報を適切に活用することで、利用者・患者に提供する介護・医療サービスの質の向上に活かせることです（もちろん、活用に際しては本人の同意が前提）。

なお、事業所間の情報のやり取りについても、紙情報から電子情報に移行できるので、事務負担を軽減する効果も期待されています。

このように効果は大きいものの、地域支援事業で行なうとなれば、市町村の負担も大きくなります。そこで、今改正では、**医療保険者等と共同して国保連や支払基金に委託できる**ことが付されています。

第 2 章

2024年度からの各サービスの主な改正ポイント

居宅介護支援［その1］

基本報酬増＋予防支援報酬のアップ
加えて逓減制のさらなる緩和など

**改正の
ポイント**

☑ 介護予防支援、新設加算や基準緩和などの誘導策
☑ 取扱い件数の見直しにより担当可能件数も拡大

介護予防支援の基本報酬が2区分に

　居宅介護支援には、今改定でも処遇改善加算は適用されません。そのため、ケアマネジャーの処遇改善をどこで図るかが課題となります。

　ポイントは、事業所の所定単位数です。1つは介護予防支援を含む基本報酬、もう1つは特定事業所加算。いずれも引き上げとなりました。

　居宅介護支援に係る基本報酬の引き上げは1％弱ですが、注目は介護予防支援です。今回の法改正により、要支援1・2を対象とする介護予防支援について、居宅介護支援事業所も指定対象となりました。

　その基本報酬が、**地域包括支援センター（以下、包括）が指定を受けた場合（そこから居宅介護支援事業者に委託）と居宅介護支援事業者が直接指定を受けた場合の2区分**となりました。

　いずれも改定前より報酬アップとなりましたが、特に居宅介護支援事業者が直接指定を受けたケースでの引き上げ幅が目立ちます。

居宅介護支援事業者が指定事業者になった場合

　新加算については、居宅介護支援における特別地域加算などに該当するものが設けられています。いずれも、包括のみが指定事業者となっていたときには算定されていなかった加算です（59ページ図参照）。

　人員基準については、管理者以外について「ケアマネジャーのみの配置」で事業が行なえます。管理者は主任ケアマネジャーであることが必要ですが、管理者は他の事業所の職務と兼務することが可能です。つまり、居宅

「介護予防支援」をめぐる報酬の見直し

基本報酬

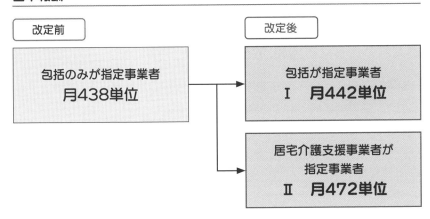

改定前

包括のみが指定事業者
月438単位

改定後

包括が指定事業者
Ⅰ　月442単位

居宅介護支援事業者が
指定事業者
Ⅱ　月472単位

Ⅱのみに算定される加算【新設】

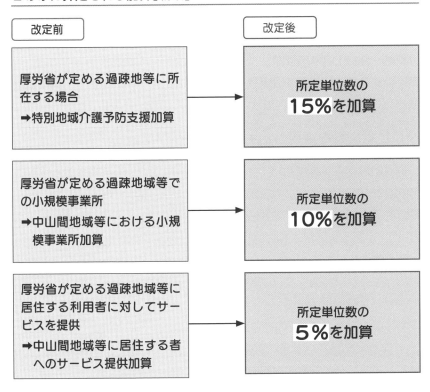

改定前

厚労省が定める過疎地等に所
在する場合
➡特別地域介護予防支援加算

改定後

所定単位数の
15%を加算

厚労省が定める過疎地域等で
の小規模事業所
➡中山間地域等における小規
模事業所加算

所定単位数の
10%を加算

厚労省が定める過疎地域等に
居住する利用者に対してサー
ビスを提供
➡中山間地域等に居住する者
へのサービス提供加算

所定単位数の
5%を加算

介護支援との兼務を可能にしたわけです。

　一方で、介護予防支援を直接手がける場合に、市町村の求めに応じた予防プランに係る資料を提供するなどの実務も増えています。**指定事業者としての報酬増や基準緩和は、こうした実務を評価したもの**といえます。

逓減制のさらなる緩和、取扱い件数＋５件

　居宅介護支援、介護予防支援ともに基本報酬はアップしましたが、これに加え、逓減制に係る取扱い件数が見直されました。
「逓減制の緩和」は2021年度改定で図られたしくみです。ICT活用や事務職員の配置などの要件を満たした場合に、逓減制にかからない上限が45件未満まで引き上げられていました。この区分について、今改定で上限が50件未満まで引き上げられます。ちなみに、このケースの要件ですが、「ICT活用」が「ケアプランデータ連携システムの活用」に改められ、「事務職との配置」との選択要件だったものが「ともに満たす」という同時要件となっています。さらに、「逓減制の緩和」を適用しないケースでも、40件未満→45件未満と、やはり５件分の引き上げがなされています。

　取扱い件数で、もう１つ注目したいのが、やはり**介護予防支援**です。逓減制に係る取扱い件数の介護予防支援の計算において、改定前は居宅介護支援の１／２計算だったものが、１／３へと緩和されました。

テレビ電話等を活用したモニタリングが可能に

　逓減制のさらなる緩和で、ケアマネジャー１人あたりの担当件数も増えることが予想されます。今改定では、ケアマネジャーの実務負担の軽減に向けて、**テレビ電話装置等を活用してのモニタリング**が可能となりました（２回に１回は訪問が必要）。具体的には、①利用者の同意を得ていること、②利用者の状態の安定についての主治医の意見を受けてサービス担当者会議（以下、サ担会議）で以下の合意を得ていることが要件です。

　②での合意すべき内容は、以下のとおりです。ａ．「利用者の状態が安定していること」、ｂ．「利用者がテレビ電話等で意思疎通ができること」、ｃ．「テレビ電話等では十分な情報収集ができない場合、他のサービス事業者と連携しながら情報を収集すること」となります。

逓減制に係る取扱い件数のさらなる緩和

逓減制にかからないための取扱い件数（ⅰ）

	改定前	改定後
逓減制の緩和が適用されていないケースⅠ	40件未満	45件未満
逓減制の緩和が適用されているケースⅡ※	45件未満	50件未満
※ケースⅡの要件	・ICT機器の活用 **もしくは** ・事務職員の配置	・ケアプランデータ連携システムの活用 **加えて** ・事務職員の配置

介護予防支援の取扱い件数の算定法

1／2換算　→　改定　→　1／3換算

テレビ電話等を活用してのモニタリングの要件

要件

①利用者の同意を得ること（文書での同意が必要）
②サ担会議で以下について確認・合意すること（主治医の所見も必要）

利用者の状態が安定していること
利用者がテレビ電話等で意思疎通ができること
テレビ電話等では十分な情報収集ができない場合、他のサービス事業者と連携しながら情報を収集すること（担当者に収集する情報項目等を示す）

2カ月に1回（予防の場合は6カ月に1回）は、訪問によるモニタリングを実施

居宅介護支援［その2］

特定事業所加算も要件変更で単位増
一方で同一建物減算も適用に

**改正の
ポイント**
- ☑ 特定事業所加算に他法他制度関連の要件を追加
- ☑ 居宅介護支援も同一建物減算が適用スタート

特定事業所加算の全区分共通要件を見直し

　居宅介護支援の報酬アップに向けては、特定事業所加算もカギです。特定事業所加算は4区分ありますが、いずれも単位が引き上げられました。ただし、全区分に係る要件の一部も変更になっています。

　1つめは、改定前は「包括等が実施する事例検討会等への参加」だった要件が、「ヤングケアラーや障害者、生活困窮者、難病患者など、高齢者以外の対象者への支援に関する知識等に関する事例検討会・研修等への参加」に改められたことです。2024年度に改定される法定研修カリキュラムで、他法他制度に関する項目が強化されましたが、それにもとづく改定です。

　2つめは、常勤の主任ケアマネジャー・ケアマネジャーの配置に係る要件です。ここに、①同一事業所の他の職務や、②同一敷地内にある他の事業所の職務について、いずれも「兼務」が可能になったことです。

　これは、今改定で**居宅介護支援事業所が、介護予防支援の指定事業者となったり、包括の総合相談支援の委託を受けられるようになったことを受け、兼務が増えていくことを想定**したものです。

　3つめは、「逓減制にかかっていないこと」の規定です。今改定で逓減制に係る取扱い件数がさらに緩和されましたが、それが反映されています。

　特定事業所加算に係る4つめの要件見直しは、「運営基準減算の適用を受けていないこと」という項目が削除され、「特定事業所集中減算の適用を受けていないこと」だけに絞られた点です。運営基準減算も特定事業所

特定事業所加算の単位増と要件見直し

改定前	改定後

	改定前	改定後
単位数	特定事業所加算Ⅰ　505単位／月 特定事業所加算Ⅱ　407単位／月 特定事業所加算Ⅲ　309単位／月 特定事業所加算A　100単位／月	特定事業所加算Ⅰ　519単位／月 特定事業所加算Ⅱ　421単位／月 特定事業所加算Ⅲ　323単位／月 特定事業所加算A　114単位／月
全区分共通の要件①	専従・常勤の 主任ケアマネジャーの配置 Ⅰ…2名以上 Ⅱ・Ⅲ・A…1名以上	＋ 利用者への支障がない場合、①居宅介護支援事業所の他の職務（総合相談支援等）、②同一敷地内にある他事業所の職務との兼務可
全区分共通の要件②	専従・常勤の ケアマネジャーの配置 Ⅰ・Ⅱ…3名以上 Ⅲ…2名以上 A…常勤・非常勤各1名以上	＋ 利用者への支障がない場合は、①居宅介護支援事業所の他の職務、②同一敷地内にある介護予防支援事業所の職務と兼務可
全区分共通の要件③	包括等が実施する 事例検討会等への参加 他法他制度に係るケアマネジメントの強化	＋ ヤングケアラーや障害者、生活困窮者、難病患者等、高齢者以外の対象者への支援に関する知識等に関する事例検討会、研修等に参加
全区分共通の要件④	「運営基準減算or特定事業所集中減算の適用を受けていないこと」	＋ 「運営基準減算」をカット

その他、「逓減制に係る取扱い件数」の見直しを受けて、
Ⅰで「40件未満→45件未満」、Ⅱで「45件未満→50件未満」に要件変更

集中減算も、事業所での毎月の確認作業が大きな手間となります。そのため、**業務負担の軽減という観点から「運営基準減算」の規定は外されました。**

　一方、「特定事業所集中減算」については、ケアマネジメントの公正中立を担保する観点から引き続き残されることになりました。

前回創設の「義務」が一転、「努力義務」へ

　事業所の負担軽減では、新設されたばかりの基準の緩和も見られます。それが、2021年度改定で設けられた「利用者への説明責任」です。

　説明すべき内容は、前6カ月に作成したケアプランで位置づけられた、訪問介護、通所介護（地域密着型含む）、福祉用具貸与についての「各サービスの割合」、「各サービスにおける同一事業者の割合」です。いずれも、利用者のサービス選択に係る公正中立の確保を目指したものでした。ところが、**現場からは、「説明に係る事務負担が重い」、「利用者が利用割合の高い事業者を選択する（利用割合が高い方が信頼されている）傾向があって公正中立に資していない」といった指摘**が上がりました。

　こうした指摘を受けて、「義務」だった基準が「努力義務」へと緩和されました。基準化から3年での異例の方針転換となります。

同一建物の居住者について5％の減算

　事業所の負担軽減の一方で、**ケアマネジャーの業務の実態に合わせて、報酬の適正化を進めた改定**もあります。具体的には、同一の建物に居住する利用者へのケアマネジメントについて、所定単位数から5％の減算を行なうというものです。この場合の「同一の建物に居住する」とは、以下の3つのパターンです。

①事業所が所在する建物内に、利用者が居住しているケース

②事業所が所在する建物と、同一あるいは隣接の敷地内の建物に利用者が居住しているケース

③事業所が担当する1月あたりの利用者が、同一の建物内に20人以上居住しているケース（住宅型有料ホームなどの入居者を想定）

　③のパターンなどは意外に多いので、注意が必要かもしれません。

2021年度改定で定められた「義務」規定の見直し

 利用者に対し文書を交付し説明をすること

・前6か月間に作成したケアプランにおける、訪問介護、通所介護(地域密着型含む)、福祉用具貸与の各サービスの利用割合

・前6か月間に作成したケアプランにおける、訪問介護、通所介護(地域密着型含む)、福祉用具貸与の各サービスの同一事業者によって提供されたものの割合

改定前は義務だったが、改定されて努力義務に変更

「同一建物」に居住する利用者へのケアマネジメント提供の減算

同一建物に居住する利用者へのケアマネジメント
➡所定単位数の95%を算定

同一建物に居住する利用者の定義

・事業所の所在する建物と同一・隣接する敷地内の建物に居住

・事業所と同一の建物に居住

・事業所の1月当たりの利用者が、同一の建物に20人以上居住

管理者を主任ケアマネジャーにできない場合の特例

・本人の長期療養や急な退職など

・特別地域居宅介護支援加算などを取得できる場合

上記の場合は、ケアマネジャーを管理者とすることができる

居宅介護支援 ［その3］

居宅介護支援での対医療連携
入院・通院時など加算要件見直し

**改正の
ポイント**

☑ 入院時の情報提供迅速化、通院時の連携対象拡大
☑ ターミナルケアマネジメント加算の要件を緩和

入院時情報連携加算、入院前・当日の情報提供評価

　対医療連携に関する評価も、いくつかの改定が行われました。利用者の入院時、通院時、看取り期に係る各加算についてです。

　1つめの利用者の入院時には、ケアマネジャーから入院先の医療機関への情報提供を評価した「入院時情報連携加算」です。

　これについて、区分Ⅰ・Ⅱともに単位数が引き上げられ、それとともに「情報提供までの期間」が大幅に短縮されました。

　Ⅰについては、「入院から3日以内」が「入院当日（入院日以前の情報提供含む）」に。Ⅱは「4日以上7日以内」が、「入院日の翌日または翌々日」となりました。ただし、**居宅介護支援事業所の営業時間外の入院など**について、**特例**も設けられています（67ページ図参照）。

通院時情報連携加算の連携対象に歯科医療機関も

　2つめの利用者の通院時ですが、居宅介護支援では「通院時情報連携加算」が算定できます。これは2021年度改定で誕生した加算で、利用者の通院時に担当のケアマネジャーが同行・同席し、医療機関側の医師と情報共有を行なった場合を評価しています。

　今改定では、この加算要件において、ケアマネジャーと連携する対象に「歯科医師」をプラスしました。**利用者の自立支援・重度化防止に関して、今改定では「口腔衛生の管理」を強化する方策**が目立ちます。居宅介護支援に係る改定でも、この「口腔衛生管理の強化」を図ったものです。

「入院時情報連携加算」の見直し

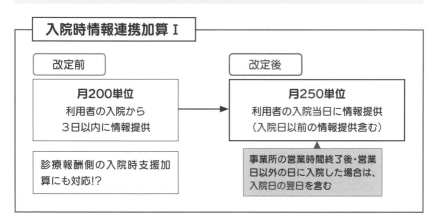

入院時情報連携加算 I

改定前

月200単位
利用者の入院から
3日以内に情報提供

診療報酬側の入院時支援加
算にも対応!?

改定後

月250単位
利用者の入院当日に情報提供
（入院日以前の情報提供含む）

事業所の営業時間終了後・営業
日以外の日に入院した場合は、
入院日の翌日を含む

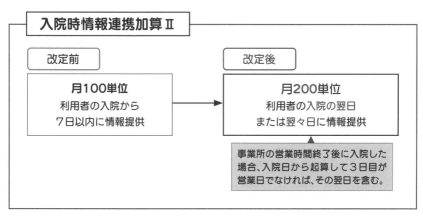

入院時情報連携加算 II

改定前

月100単位
利用者の入院から
7日以内に情報提供

改定後

月200単位
利用者の入院の翌日
または翌々日に情報提供

事業所の営業時間終了後に入院した
場合、入院日から起算して3日目が
営業日でなければ、その翌日を含む。

「通院時情報連携加算」の連携対象拡大

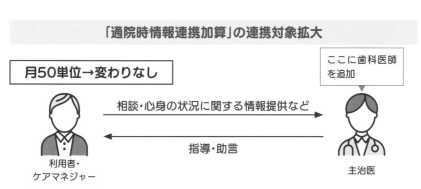

月50単位→変わりなし

ここに歯科医師
を追加

相談・心身の状況に関する情報提供など

指導・助言

利用者・
ケアマネジャー

※月1回を上限、ケア
プランに記録

主治医

ターミナルケアマネジメント加算が末期がん以外も対象に

　医師等との連携が重要になるケースとして、看取り期があります。居宅介護支援では、在宅で死亡した利用者のケースでの連携を評価した「ターミナルケアマネジメント加算」が算定されています。

　具体的には、在宅での利用者の死亡日および死亡日14日以前に2日以上利用者の居宅を訪問し、①利用者の心身の状況等を記録し、②主治医および居宅サービス事業者に提供した場合、となっています。

　ただし、改定前は「在宅での死亡原因」について「末期がん」だけが算定対象でした。しかし、在宅での看取り期となると、例えば慢性心不全などのケースも少なくありません。そこで、この**「末期がん」という制約を外し、死亡原因は問わないという改定**が行なわれました。

特定事業所医療介護連携加算は要件ハードルアップ

　ちなみに、居宅介護支援では、ターミナルケアマネジメントの算定回数を要件とした「特定事業所医療介護連携加算」があります。当然、この加算でも「末期がん」という制約が外れることで、ターミナルケアマネジメントに関しての算定要件は緩和されることになります。

　ただし、その代わりとして、**ターミナルケアマネジメント加算の算定回数が引き上げられました**。具体的には、前々年度の3月から前年度2月までの算定回数が「5回以上」だったのが「15回以上」に変更となりました。

　問題は、算定回数の計算が改定前にさかのぼることで、「改定によって算定できなくなる」というケースが生じることです。

　そこで、2つの経過措置が設けられることになりました。

　①2025年3月末までは、従来通り、「5件以上」で算定が可能

　②2025年4月1日から2026年3月末までは、以下の計算によって「15回以上」となった場合に算定が可能。「2024年3月の（改定前の）ターミナルケアマネジメント加算の算定数×3」＋「2024年4月から2025年2月までの（改定後の）ターミナルケアマネジメント加算の算定数」

「ターミナルケアマネジメント加算」の要件見直し

月400単位→変わりなし

要件

変更点①　「末期がん患者に限る」
　　　　　を削除

・在宅で死亡した利用者が対象

・死亡日および死亡日前14日以内に2日以上、利用者の居宅を訪問（利用者・家族の同意を得ること）

・対象となる利用者の心身の状況等を記録し、主治医およびケアプランに位置付けた居宅サービス事業者に提供

変更点②　上記要件に「終末期の医療やケアの方針に関する、利用者・家族の意向を把握すること」をプラス

「特定事業所医療介護連携加算」の要件見直し

月125単位→変わりなし

変更点　要件のうち、「前々年度の3月から前年度の2月までの間の『ターミナルケアマネジメント加算』の算定件数」

改定前

5回以上

改定後

15回以上
ターミナルケアマネジメント加算の対象利用者の「末期がん患者」という要件が外れたことで、算定件数のハードルアップ（ただし経過措置あり・本文参照）

訪問介護・訪問入浴介護

訪問介護は基本報酬ダウン
特定事業所加算は体制要件追加

**改正の
ポイント**

☑ 基本報酬約２％ダウンに加え、同一建物等減算も強化
☑ 特定事業所加算＆訪問入浴介護の新加算で看取り評価

同一建物等減算で「未適用」だった部分にメス

　人員不足が特に厳しい訪問介護ですが、基本報酬が約２％引き下げとなりました。加えて、同一建物等に居住する利用者への減算（以下、同一建物等減算）に新区分が誕生しています。その新区分とは、**事業所と同一または隣接する敷地内の建物内に居住する利用者が、前６カ月で９割以上という場合に12％減算する**というものです。

　一方、特定事業所加算ですが、見直し内容は大きく分けて２つ。１つは、**体制要件が追加（一部再編）されたこと**。もう１つは、**適用要件を見直したうえで、区分の一部の加算率を引き下げたこと**です。

　前者で追加された要件は、①24時間連絡体制など看取り期対応を強化したこと、②中山間地域等の居住者へのサービス提供、③随時の訪問介護計画の見直しを行なっていること（これも看取り対応強化の一環）です。

　なお、重度者対応要件に関しても、要介護度要件等の一部が外され、代わりに「看取り期の対応実績」が要件に加わっています。

　後者の対象は区分Ⅳで、ここには上記①〜③の要件は定められていません。加算率は改定前の５％から３％へと引き下げられました。

訪問入浴介護にも看取り期の連携加算が誕生

　看取り対応の強化という点では、訪問入浴介護において、「看取り連携体制加算」が誕生しました。看取り期の対応方針にもとづき、医療機関や訪問看護ステーションとの連携によってサービス提供を行なうことを評価

訪問介護の特定事業所加算の見直し

| 見直し1 | ・旧・Ⅳを廃止➡旧・Ⅴを新・Ⅳに（加算率３％）
・旧・Ⅴに代わって➡新・Ⅴを設置（加算率３％） |

新・Ⅳの要件

 サ責ごとの研修計画による研修実施

①従来の体制要件１～５（旧要件６は１に統合）
②従来の人材要件のうち、旧９（新11）または旧10（新12）

基準を上回る常勤サ責１人以上 ／ 勤続７年以上のヘルパーが３割以上

新・Ⅴの要件

①従来の体制要件１～５（１に統合された旧６含む）
②新設の体制要件のうち、7、8

| 見直し2 | ・体制要件を３項目新設（新６～８）
・重度者対応要件の旧12を廃止し、新14を設置 |

 要介護３以上等が６割以上

新要件

●新６…「看取り」に係る以下を満たすこと➡区分Ⅰ・Ⅲに適用
　・訪問看護ステーション等の看護師との連携で24時間連絡体制確保
　・必要に応じて訪問介護が提供できる体制整備
　・看取りに関する体制整備・職員研修の実施等
●新７…中山間地域等に居住者へのサービス提供➡区分新Ⅴに適用
●新８…利用者の心身状態等に応じて、随時ケアマネジャー、医療機関等と協働して訪問介護計画を見直し➡区分新Ⅴに適用
●新14…看取り期の利用者の対応実績１人以上➡区分Ⅰ・Ⅲに適用

したものです。１回につき64単位が加算されます。

　対象となるのは、医師が医学的知見によって「回復の見込みがない」と診断した利用者です。算定できるのは、その利用者の「死亡日または死亡日以前30日以下」に限ります。

定期巡回等型と夜間対応型
将来の統合を見すえた基本報酬改定

**改正の
ポイント**

☑ 定期巡回等型の基本報酬に「夜間のみ」の新区分
☑ 訪問系の認知症専門ケア加算で重症化要件を緩和

定期巡回等型で、夜間対応型に類した新区分

訪問介護と同じく、定期巡回・随時対応型訪問介護看護（以下、定期巡回等型）と夜間対応型訪問介護も、基本報酬が引き下げられました。

さらに、定期巡回等型の基本報酬については新区分が設けられています。これまでは「介護・看護利用者」と「介護利用者」の２区分だったところに、**「夜間のみサービスが必要な利用者」の区分が誕生**しました。新区分の報酬体系は、「定額制」と「出来高制」の２段階となります。「定額制」の部分は「基本夜間訪問サービス費」といいます。一方、「出来高制」の部分は、「定期巡回サービス費」と「随時訪問サービス費（１人訪問の場合と２人訪問の場合）」で構成されています。

なお、一体型、連携型ともに適用されています。

夜間対応型との統合に向けたワンステップ

新区分の報酬の構造としては、同じく「夜間のみサービスが必要な利用者」を対象とした「夜間対応型訪問介護」に類するものです。類似の構造からもわかるとおり、この新区分は、**将来的に「定期巡回等型」と「夜間対応型」の統合を見すえた**ものです。

この統合については、2022年の介護保険部会で「両サービスの機能が類似・重複していること」から提言されたもので、2027年度までには、統合に向けた本格的な議論がなされることが想定されています。そのためのワンステップの改定ととらえることができます。

定期巡回等型の基本報酬の新区分

夜間のみにサービスを必要とする利用者

定額　基本夜間訪問サービス費：月989単位
※利用者にオペレーターに通報できる端末を配布

出来高
・定期巡回サービス費：1回372単位
・随時訪問サービス費Ⅰ：1回567単位
　（1人のヘルパー等により訪問する場合）
・随時訪問サービス費Ⅱ：1回764単位
　（2人のヘルパー等により訪問する場合）
※要介護度によらない

認知症専門ケア加算の重度者要件緩和

　その他の改定としては、「定期巡回等型」で「事業所連携」に係る通知改正が行われる予定です。内容は、「連携型事業所」にかかわるものです。

　連携型事業所とは、訪問看護の提供に際して、他の訪問看護事業所と連携してサービスを行なうというスタイルです。この連携について、「事業所所在地の都道府県を超えて事業所間連携が可能である」という解釈を通知で明確にしました。ただし、適切な訪問体制が確実に確保されていて、利用者へのサービス提供に支障がないことが前提となります。

　もう1つの注目が、定期巡回等型や夜間対応型の他、訪問介護、訪問入浴介護も算定対象となっている**「認知症専門ケア加算」の見直し**です。

　認知症専門ケア加算自体は他にも多くのサービスで算定されていますが、今回は訪問系で算定されているものが対象です。

　改定の主な概要は、単位の低い区分Ⅰの重度者要件について、認知症日常生活自立度Ⅲ以上からⅡ以上へと緩和したこと。これは、訪問系ではⅢ以上の利用者が少なく、同加算を算定できない課題に対応したものです。

訪問看護

退院直後や看取り期、緊急時など 在宅療養の限界点アップの方策続々

改正の ポイント

☑ 初回加算で退院当日に訪問した場合の評価をプラス
☑ ターミナルケア評価増、緊急時訪問の負担軽減策など

初回加算で退院当日のサービスを手厚く評価

在宅での重度療養ニーズ拡大で、基本報酬はおおむねアップ。加えて、さまざまなケースに対応するための報酬上の評価も手厚くなりました。

まず、利用者が退院・退所して在宅で療養生活を始めるというケース。ここで、新規に訪問看護計画を作成した利用者に対してのサービス提供を評価する加算があります。それが、現行の「初回加算（月300単位）」です。

今回の見直しでは、**退院・退所の当日にサービス提供した場合に、単位数を引き上げた区分（月350単位）が算定できる**ことになりました。2021年度改定では、「退院・退所の当日でも、一定の状態の利用者に訪問看護は提供できる」とされました。そこから一歩進めて初回加算も適用可能とし、さらにその評価を引き上げたことになります。

利用者の退院に際してのサービス提供については、もう１つの見直しがあります。それが「退院時共同指導加算（１回600単位）」の要件見直しです（定期巡回・随時対応型訪問介護看護〈72ページ〉でも算定可能）。同加算は、**入院・入所中から主治医等と連携したうえで、在宅での療養生活に「必要な指導」を行なうことを評価した**ものです。その指導後に退院した利用者に対し、初回のサービス提供を行なった場合に算定されます（医療保険での訪問や初回加算を算定していない場合に限る）。

現行の要件では、上記の「必要な指導」を文書で行なった場合のみに算定できます。しかし、実際はこうした指導の有無にかかわらず、訪問看護での実地指導に頼るケースが見られます。そこで、在宅生活に向けた指導

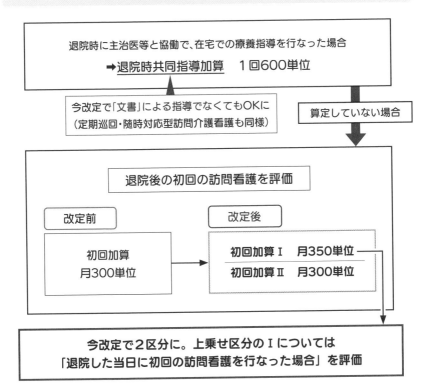

利用者の退院時に係るサービスの評価

退院時に主治医等と協働で、在宅での療養指導を行なった場合
➡ **退院時共同指導加算　1回600単位**

今改定で「文書」による指導でなくてもOKに
（定期巡回・随時対応型訪問介護看護も同様）

算定していない場合

退院後の初回の訪問看護を評価

改定前

改定後

初回加算
月300単位

初回加算Ⅰ　月350単位
初回加算Ⅱ　月300単位

**今改定で2区分に。上乗せ区分のⅠについては
「退院した当日に初回の訪問看護を行なった場合」を評価**

の実態を踏まえたうえで、効率化を図ったのが、今回の見直しです。

ターミナルケア加算、診療報酬に合わせてアップ

在宅での療養ニーズといえば、看取り期も視野に入ります。看取り期の対応については、訪問看護でもターミナルケア加算があります。今改定では、同加算の評価が「死亡月に2,000単位→2,500単位」と引き上げられました。これは、診療報酬との整合性を図ったものです。

介護保険のターミナルケア加算に該当するのが、医療保険ではターミナルケア療養費です。看護師が手がけるケアを比べた場合、大きな違いはありません。そこで、**介護保険側の加算単位を引き上げ、医療保険側の「死亡月2,500単位」に合わせました**（定期巡回・随時対応型訪問介護看護〈72ページ〉、看護小規模多機能型居宅介護〈102ページ〉）。

医師とのICT連携による遠隔死亡診断を評価

　ターミナルケアでは、看護師が利用者の死亡に立ち会うケースも想定されます。その場合でも死亡診断は医師が行ないますが、利用者が離島等に住んでいて、医師による在宅での死亡診断が難しいことがあります。

　そうしたケースに対応するため、**診療報酬では一定の研修を受けた看護師がICTを活用し、遠隔による医師の死亡診断を補助する**ことを評価しています（遠隔死亡診断補助加算1,500円）。

　今改定では、介護保険でもこの遠隔死亡診断補助加算（150単位）が算定できることになりました。やはり診療報酬との整合性を図ったわけです（看護小規模多機能型居宅介護〈102ページ〉でも算定可能）。

24時間対応で看護師の負担軽減策を評価

　在宅での重度療養ニーズが拡大する中で、ますます問われているのが緊急時における24時間の即応体制です。この24時間の緊急時対応については、「緊急時訪問看護加算」（訪問看護ステーションの場合、現行で月574単位）が算定できます。ただし、**24時間対応をめぐっては、勤務間のインターバルをとるなどの体制が進んでおらず、看護師等の負担の大きさが課題**となっていました。そこで、緊急時訪問加算に新区分（Ⅰ。現行区分はⅡ）を設け、上乗せ要件として「看護業務の負担の軽減に資する十分な業務管理等の体制の整備」がプラスされました。これを満たした場合に、訪問看護ステーションの場合で月600単位が算定できます。

　また、24時間対応で、負担の大きい業務に「夜間等の電話対応」があります。今改定では、**事業所の看護師等に速やかに連絡できる体制等が整えられている場合には、保健師や看護師以外の職員でも、家族等からの電話対応を可能**としました。ただし、連絡・相談等に対応するためのマニュアルを整備するなど、いくつかの条件が示されています。

　その他、重度療養ニーズに対応するうえでは、専門性の高い看護師による専門的な管理への評価も課題です。診療報酬では専門管理加算（1月2,500円）がありますが、介護報酬でも専門管理加算（1月250単位）が誕生しました（看護小規模多機能型居宅介護〈102ページ〉も算定可能）。

看取り期（死亡時含む）における改定内容

利用者の死亡日および死亡前14日以内に2日ターミナルケア実施
（末期がんなど厚労省が定める疾患の場合は1日）

改定前	改定後

（定期巡回・随時対応型、看護小規模多機能型も同様）

月 2,000単位	→	月 2,500単位

【参考】診療報酬の ターミナルケア療 養費は25,000円

離島等に在住する利用者が在宅で死亡した場合

訪問看護師が、医師とICT連携で死亡診断の補助をした場合

・医師が計画的な訪問診療を行なっていたこと
・訪問看護でターミナルケア加算（療養費含む）を 算定していること

【新設】
遠隔死亡診断補助加算
1回150単位

24時間即応体制で看護師の負担を軽減

改定前	改定後
緊急時訪問看護加算（現行区分はⅡ） 訪問看護ステーション　月574単位 病院・診療所　月315単位 一体型定期巡回・随時対応型訪問介護看護事業所　月315単位	**緊急時訪問看護加算Ⅰ** 訪問看護ステーション　月600単位 病院・診療所　月325単位 一体型定期巡回・随時対応型訪問介護看護事業所　月325単位

要件		要件
以下の体制を確保 ①利用者・家族等からの看護に係る電話相談等に24時間対応できる ②緊急時の訪問を必要に応じて行なう	**＋**	緊急時訪問における看護業務の負担の軽減に資する十分な業務管理等の体制の整備が行なわれている

※利用者・家族からの電話連絡については、一定の要件を満たした場合、事業所の他職種でも対応可能

居宅療養管理指導

薬剤師、管理栄養士、歯科衛生士による介入について新評価続々

改正のポイント

☑ 薬剤師による在宅薬学管理やICT服薬指導など

☑ 管理栄養士や歯科衛生士の介入範囲も拡大へ

ニーズが高まる居宅療養管理指導

在宅での療養ニーズの高まりで、**訪問看護とともにサービス体制の整備に力が注がれているといえば、居宅療養管理指導**です。特に薬剤師や管理栄養士、歯科衛生士などによる服薬、栄養、口腔が、今改定の注目点です。

薬剤師による居宅療養管理指導の３つの改定

まず、薬剤師による居宅療養管理指導の提供ですが、**在宅での薬学管理に係る新評価や対象疾患による訪問回数の引き上げ等**が見られます。

具体的な改定は、以下の３つです（加算名・単位数は右の図参照）。

①在宅で、医療用麻薬在宅注射療法を行なっている利用者に対し、注入ポンプによる麻薬使用など、療養状況に応じた薬学的管理・指導を評価

②在宅中心静脈栄養法が行なわれている利用者に対し、輸液セットを用いた薬剤使用など、療養状況に応じた薬学的管理・指導を評価

③終末期における末期がんや中心静脈栄養を受けている利用者以外についても、頻回の訪問を可能とする見直しを実施

ICT服薬指導は薬機法改定等に合わせた見直し

上記に加え、**薬剤師による居宅療養管理指導における改定では、ICTによる服薬指導の評価の見直し**が行なわれました。ポイントは以下の３つです。

（1）初回からのICTによる服薬指導を可能に

薬剤師による薬剤管理に係る評価の見直し

Ⅰ.【新設】医療用麻薬持続注射療法加算　1回250単位

対象…在宅で医療用麻薬持続注射療法を行なっている利用者
※疼痛緩和のための薬剤投与に係る薬学的管理の加算との併算定不可

要件	①利用者・家族等に投与や保管の状況、副作用の有無等について確認し、必要な薬学的管理指導を行なうこと
	②麻薬及び向精神薬取締法第3条の規定による麻薬小売業者の免許を受けていること　など

Ⅱ.【新設】在宅中心静脈栄養法加算　1回150単位

対象…在宅で中心静脈栄養法を行なっている利用者

要件	①利用者・家族等に、投与及び保管の状況、配合変化の有無について確認し、必要な薬学的管理指導を行なうこと
	②医薬品等の品質、有効性及び安全性の確保等に関する法律第39条第1項の規定による高度管理医療機器の販売業の許可を受けていること　など

Ⅲ.【緩和】末期がん以外の利用者への薬学管理　月8回まで

（ただし、1週に2回を限度）

要件	月8回（かつ1週2回）までの算定が可能な利用者
	・末期がんの人
	・中心静脈栄養を受けている人
	・注射による麻薬の投与を受けている人【新規】

心不全や呼吸不全の人を想定

（2）訪問診療で処方箋が交付された利用者以外でも、実施を可能に

（3）居宅療養管理指導の算定上限である月4回までの実施を可能に

　ご存じのとおり、薬剤師による服薬指導については、医薬品医療機器等法（いわゆる薬機法）施行規則の改正（2022年3月31日）で、上記の（1）や（2）が可能とされました。すでに**診療報酬では、2022年度に新ルールにもとづいた改定**も行なわれています。

　介護報酬側も、この流れに沿った改定となったわけです。また、診療報酬では算定上限も緩和されましたが、（3）もこれに沿ったものです。そのうえで、1回あたりの報酬も「45単位→46単位」と引き上げられました。

通所系サービス利用者への居宅療養管理指導を緩和

　栄養に関しては管理栄養士による居宅療養管理指導、口腔に関しては歯科衛生士による同管理指導で、さまざまな見直しが行なわれました。

　まず、両方に共通する内容として、**対象利用者の範囲が緩和**されました。

　改定前は「通所・通院の困難な者」とされていましたが、通所系サービスを利用している人でも、口腔衛生に課題のあるケースが多く認められています（通所系サービスでの口腔衛生管理の質に差がある）。

　これを受けて、**「通所の困難な者」という要件が外されました。**

一定条件のもとで栄養・口腔の訪問回数も緩和

　上記に加え、栄養については、一定条件のもとで訪問回数も緩和されました。具体的には、利用者の急性憎悪などにより、**医師から「一時的に頻回の栄養指導が必要」という指示が出たケースが対象**です。

　この医師の指示が出てから30日以内で2回に限り、月あたり上限回数（月2回）に追加する形での訪問が可能となりました。

　さらに、口腔については、末期がんの利用者についての算定上限回数の緩和（月4回→6回）が図られました。これは、末期がんの人の口腔衛生管理の必要度の高さを受けたものです。

管理栄養士、歯科衛生士による居宅療養管理指導の見直し

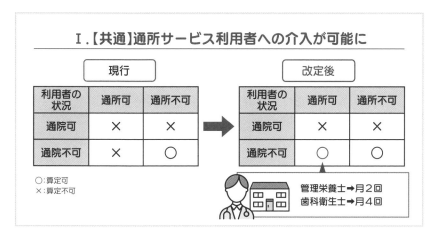

Ⅰ.【共通】通所サービス利用者への介入が可能に

現行

利用者の状況	通所可	通所不可
通院可	×	×
通院不可	×	○

改定後

利用者の状況	通所可	通所不可
通院可	×	×
通院不可	○	○

○：算定可
×：算定不可

管理栄養士➡月2回
歯科衛生士➡月4回

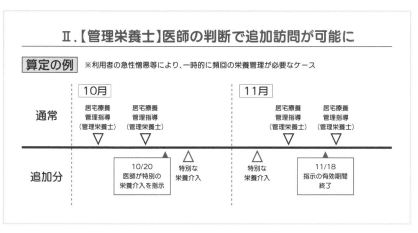

Ⅱ.【管理栄養士】医師の判断で追加訪問が可能に

算定の例　※利用者の急性憎悪等により、一時的に頻回の栄養管理が必要なケース

通常

10月

居宅療養管理指導（管理栄養士）　居宅療養管理指導（管理栄養士）

11月

居宅療養管理指導（管理栄養士）　居宅療養管理指導（管理栄養士）

追加分

10/20 医師が特別の栄養介入を指示

特別な栄養介入

特別な栄養介入

11/18 指示の有効期間終了

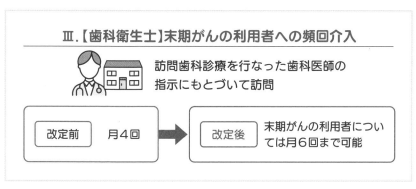

Ⅲ.【歯科衛生士】末期がんの利用者への頻回介入

訪問歯科診療を行なった歯科医師の
指示にもとづいて訪問

改定前　月4回　➡　改定後　末期がんの利用者については月6回まで可能

通所介護（地域密着型含む）・認知症対応型通所介護

入浴介助・認知症ケアの評価テコ入れ
豪雪地帯での提供時間にも注意

**改正の
ポイント**

☑ 入浴介助加算Ⅰで技能向上のしくみをプラス
☑ 認知症加算も事例検討などでケア技能引き上げ

入浴介助加算Ⅰで「従事者への研修」を要件に

　前回2021年度改定で、通所系サービスでの大きなトピックとなったのが「入浴介助加算」の再編です。新区分（Ⅱ）が設けられ、利用者の居宅の浴室環境のアセスメントを行なったうえで、それを踏まえた個別の入浴計画作成を要件とするなど、大きな改革となりました。ただし、実務上の手間などから算定率は低迷しています。

　2024年度改定では、Ⅱの要件緩和が図られました。また、入浴ケアの質を向上する観点から、従来区分Ⅰの要件も見直されています。具体的には、Ⅰのプラス要件として「入浴介助にかかわる職員に、入浴介助に関する研修を行なうこと」が定められたことです。Ⅱの要件緩和では、医師等による居宅訪問が困難な場合に、代わって介護職員が手がける規定が設けられました（右の図参照）。なお、Ⅰ・Ⅱともに加算単位は変わっていません。

認知症加算でもケアの質向上と要件の一部緩和

　ケアの質向上に向けた取組み強化と要件の一部緩和──この同時対応が図られたもう1つの加算が、通所介護系の「認知症加算」です。同認知症加算では、専門研修を修了した職員の配置も要件となっていますが、それ以外の職員のケアの質向上をどう図るかが課題です。そこで、**「事業所の従事者に対して、認知症ケアに関する事例検討や技術的指導に係る会議を定期的に開催すること」**が要件に加えられました。

　一方、緩和部分ですが、同加算を算定できない要因に「認知症の日常生

通所介護の「入浴介助加算」の見直し

	改定前	改定後
入浴介助加算 Ⅰ	〈要件〉 入浴介助を適切に行なえる人員・設備を整えていること	〈追加要件〉 入浴介助にかかわる職員に研修などを実施していること
入浴介助加算 Ⅱ Ⅱの改定については「通所リハビリ」でも同様	〈要件①〉 医師、PT・OT、介護福祉士、ケアマネジャーが居宅訪問で浴室環境を評価	〈要件①の補足1〉 評価者に、福祉用具専門相談員や機能訓練指導員、地域包括支援センターの職員などを含む
		〈要件①の補足2〉 医師などの指示のもと介護職員が訪問して、ICT活用で医師などと連携でもOK（利用者同意が必要）
	〈要件②〉 要件①の評価を踏まえて、個別の入浴計画を策定	〈要件②の補足〉 通所介護計画への記載で、個別入浴計画に代替OK

〈その他〉
「利用者の居室の浴室環境に近い環境」の内容を明確化

活自立度Ⅲ以上の人の割合20％以上」がネックになっているケースが目立ちます。そこでこの割合を「15％」まで引き下げることになりました。

個別機能訓練加算で指導員配置の一部緩和

通所介護における利用者の自立支援・重度化防止の取組みの軸となるのが、**個別機能訓練加算**です。同加算については、算定の基本はⅠで、LIFEとの情報連携を行なった場合にⅡが上乗せで算定されるしくみです。その基本となるⅠですが、機能訓練指導員の配置人数によって2区分（イとロ）されています。現行で、イは、「配置時間の定めなし」で専従1名配置。ロは、イの配置に加え、「サービス提供時間帯」を通じて専従1名配置となっています。ロが算定できるのは、2名配置の時間帯のみです。

ところが、ロの追加人員は実質的に「常勤」となるため、なかなか人材確保が難しく、算定率が一気に下がるというデータが出ています。そこで、ロの上乗せ配置の機能訓練指導員について、「配置時間の定めなし」に緩和されました。サービス提供時間帯に機能訓練指導員が「いなくなる」状況も発生しますが、その間は介護職員が対応することもできます。ただし、ロの単位は「1日85単位→1日76単位」と引き下げられました。

気象状況の急変時等での算定ルール緩和

その他の改定内容としては、豪雪地帯などで気象状況が急変することを想定した基本報酬の算定ルールの見直しがあります。

現行でも、サービス提供当日の「利用者の心身の状況」などで、計画よりもサービス時間が短くなった場合に、当初の計画時間のとおりに算定できるルールがあります。ここに、**「降雪等の急な気象状況の悪化」でサービス提供時間が短くなった場合が含まれる**ことになりました。

さらに、通所における送迎について、①発着場所を「利用者の居住実態がある場所（親戚の家など）」でもOKとしたり、②「他事業所の利用者との同乗」も可能にするといったルール緩和が図られました。ただし、運転者との雇用契約や委託契約が明確になっていることが必要です（通所リハビリテーション〈88ページ〉等も同様）。

通所介護の「認知症加算」の見直し

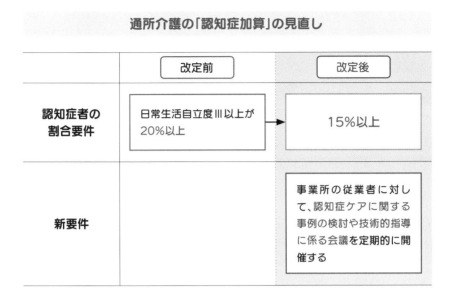

	改定前	改定後
認知症者の割合要件	日常生活自立度Ⅲ以上が20%以上 →	15%以上
新要件		事業所の従業者に対して、認知症ケアに関する事例の検討や技術的指導に係る会議を定期的に開催する

通所介護の「個別機能訓練加算」の改定

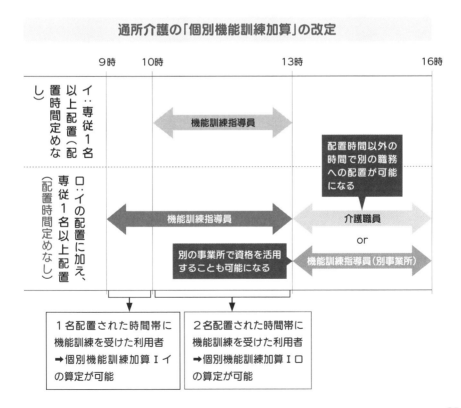

療養通所介護

重度者に対する短期利用や
手厚い看護体制の評価が誕生

**改正の
ポイント**

☑ 登録者以外の緊急ニーズに対応する短期利用が誕生
☑ 重度の利用者に対応する体制を評価する新加算

療養通所介護のニーズを増やすために

　在宅の重度療養ニーズが高まる一方で、療養通所介護の請求事業者数は横ばい（全国で80件台）が続いています。2021年度に月単位の包括報酬が導入されましたが、それにより「負担が増えた分だけ利用を増やす」というケースも報告されています。

　結果として「緊急の利用（家族が外出・入院するなどの場合）」に対応することが難しいといった声が、審議会などでも上がりました。

短期利用区分（1日1,335単位）の新設

　そこで、療養通所介護の基本報酬に「短期利用型」の新たな区分が設けられました。これは、登録者以外の人が緊急時に利用できる区分です。1日につき1,335単位です。ただし、この区分を算定するには、以下の要件を満たすことが必要です。

　①緊急利用の必要性について、担当ケアマネジャーが認めること
　②利用にあたって7日以内の期間を定めること（家族の疾病など、やむを得ない場合は14日以内）
　③人員基準を満たす従事者を確保していること（例．介護・看護職員数であれば、利用者1.5人に対して1人以上）
　④各種減算を算定していないこと（過少サービスの場合など）

療養通所介護の重度者対応を評価したしくみ

重度者ケア体制加算：月150単位の要件

①人員基準上の看護師の員数（介護・看護職員のうち専従常勤１人以上）
　＋看護職員を常勤換算方法で「３人以上」確保していること

②従事者のうち、以下の研修等を修了した看護師を１名以上配置
　➡認定看護師教育課程、専門看護師教育課程、特定行為に係る看護師の研修制度
　により厚労大臣が指定する指定研修機関において行なわれる研修

③訪問看護事業者の指定を併せて受け、一体的に事業を実施していること

「送迎」に際して「障害福祉サービス」を含む他の事業所の利用者との同乗が可能に。
ただし、同一敷地内や併設・隣接事業所など、利用者の利便性を損なわない範囲の事
業所であること

重度者ケア体制加算で看護職の手厚い配置を評価

　療養通所介護は、別名「通所看護」と称されるように、他の通所系サービスでは対応が難しい重い療養ニーズの人の利用が想定されています。ところが、利用者の要介護度を見ると、経年変化で要介護５が減少し、逆に軽度者の割合が伸びています。これは、現在の包括報酬が要介護度にかかわらず一律ということも指摘されています。重度者を受け入れるのであれば、それなりの手厚い人員が必要です。しかし、**報酬が一律なのでどうしても重度者の受入れを事業者が躊躇する可能性がある**わけです。

　そこで、今改定では看護職員の手厚い配置を評価した「重度者ケア体制加算」が誕生しました。月150単位となります。要件となる体制については、上の図を参照してください。

　その他の改定として、84ページでも取り上げたとおり、通所系サービスの「送迎」に際して「他の事業所の利用者との同乗」が認められました。この「他の事業所」の中には、障害福祉サービス事業所も含まれます。**送迎時に医療機器の装着が必要な利用者も多い中では、重度障害者の送迎を行なう事業所との連携が有効**となりそうです。

訪問リハビリテーション・通所リハビリテーション

リハビリ・マネジメント加算が再編
対医療連携や予防リハも見直し多数

**改正の
ポイント**

☑ マネジメント加算は栄養・口腔・リハの一体化が焦点
☑ 予防リハは基本報酬減や減算拡大など厳しい改定に

リハビリテーションマネジメント加算の体系を見直し

　訪問・通所リハビリ共通の見直しで、特に注目したいのが「リハビリテーションマネジメント加算」（以下、リハ・マネジメント加算）の再編です。

　現行のリハ・マネジメント加算では、Ａ・Ｂの区分が、それぞれイ・ロに細分化されていました。Ａ・Ｂは「リハビリ計画書の利用者への説明を誰が行なうのか（リハビリ職か、医師か）」による区分。イ・ロは「リハビリ計画等の内容をLIFEに提供しているか否か」による区分です。

　2024年度改定では、**この区分の考え方自体はそのままですが、体系が見直されました**。具体的には、Ａ・Ｂという区分を廃止し、「医師が利用者に説明した場合」をイ・ロに上乗せするという形です。

　この再編をベースとしつつ、**通所リハビリについては、「リハビリ・口腔・栄養の一体的推進」をテーマとした新区分「ハ」が設けられました**。

　これは、リハビリ（ADL等の状況）と口腔・栄養の状態が密接にかかわっているという観点からの見直しです。単位数は、①利用者の同意日から6カ月以内で「月793単位」、②6カ月を超えると「月473単位」です。

　おおまかな要件は、以下の4段階をクリアしていることです。

（1）口腔および栄養のアセスメントを行なっていること

（2）利用者のリハビリ計画の内容に加え、口腔の健康状態や栄養状態についての情報を、関係職種で共有すること

（3）共有した情報をふまえ、必要に応じてリハビリ計画書を見直し、その内容を関係職種で共有すること

リハビリテーションマネジメント加算の再編

〈全体を通しての要件〉
リハビリ会議を開催し、利用者の状況などを共有、その結果を記録

＋

| 改定前 | 改定後 |

利用者へのリハビリ計画の説明と
同意を得ること

```
PT、OT、ST    医師が行なう
などが行なう
```

加算A   加算B

・加算A・Bは廃止
・説明・同意を「医師が行なうこと」
　を要件として加算イ・ロに上乗せ
➡プラス月270単位

＋

LIFEへの情報提供とフィードバック
を受けること

なし   あり

加算イ   加算ロ

LIFEへの情報提供とフィードバッ
クを受けること

なし   あり

加算イ   加算ロ

改定前

**加算Aでイ・ロ区分
加算Bでイ・ロ区分**

改定後

**加算イ・ロに「医師による説
明・同意」の270単位プラス**

通所リハビリのリハビリテーションマネジメント加算の「新区分ハ」

リハビリ計画書への利用者の同意から6カ月以内：月793単位

リハビリ計画書への利用者の同意から6カ月超：月473単位

それぞれ、「医師による説明・同意の場合」は月270単位プラス

〈区分ハの要件〉

1. 区分ロの要件を満たしている（LIFEへの情報提供とフィードバック活用「あり」）
2. 管理栄養士を1名以上配置（外部との連携でも可）
3. 利用者ごとに、多職種が共同して栄養アセスメントおよび口腔アセスメントを行なっている
4. 利用者ごとに、ST、歯科衛生士または看護職員が他職種と共同して口腔の健康状態を評価し、口腔の健康状態に係る解決すべき課題の把握を行なっている
5. 関係職種が、利用者ごとの通所リハビリ計画の情報等や口腔の健康状態・栄養状態に関する情報を共有している
6. 5で共有した情報を踏まえ、必要に応じて通所リハビリ計画を見直し、見直しの内容を関係職種に情報提供している

（4）LIFEに各種情報を提供し、フィードバックを受けていること

　ちなみに、（4）に関連して、リハビリ・口腔・栄養の一体的計画書の見直しも行なわれました。すでに厚労省は一体的計画書の様式を示していますが、「活用されていない」という課題を受けての見直しです。見直しに際しては、LIFEへの情報提出項目を踏まえたものとなりました。

　この一体的計画書については、以下のサービスでも、**個別機能訓練や口腔管理、栄養管理を実施する際に活用**されます（通所介護〈地域密着型含む〉、認知症対応型通所介護、施設系サービス）。

予防訪問・予防通所リハで12カ月超過をどう評価？

　訪問・通所リハビリでの大きな改定としては、予防訪問・予防通所リハビリにおいて、利用が「12カ月を超えた場合」の減算規定の見直しです。改定前は、12カ月を超えると、訪問で1回5単位、通所で要支援1が月20単位、要支援2が月40単位と、それぞれ減算されていました。もっとも、

予防訪問・予防通所リハビリの基本報酬の見直し

利用開始から12カ月を超えた場合の減算

	改定前	改定後
介護予防訪問 リハビリテーション	5単位／回減算	・要件を満たした場合 　減算なし（新設） ・要件を満たさない場合 　30単位／回減算（変更）
介護予防通所 リハビリテーション	要支援1： 20単位／月減算 要支援2： 40単位／月減算	・要件を満たした場合 　減算なし（新設） ・要件を満たさない場合 　要支援1：120単位／ 　　　　　　月減算（変更） 　要支援2：240単位／ 　　　　　　月減算（変更）

〈減算が適用されないための「要件」〉

①3カ月に1回以上、リハビリ会議を開催していること

②①の会議において、リハビリに関する専門的な見地から、利用者の状況等に関する情報を会議の構成員と共有していること

③①の会議の内容を記録すること

④利用者の状態の変化に応じ、リハビリ計画を見直していること

⑤リハビリ計画書等の内容などの情報をLIFEに提供し、フィードバック情報を含めて、リハビリの適切・有効な実施のために活用していること

〈訪問リハビリでは、介護給付と予防給付で基本報酬にメリハリ〉

	改定前	改定後
訪問リハビリテーションの 基本報酬	307単位	308単位　上昇！
介護予防訪問リハビリテーションの基本報酬	307単位	298単位　下降！

※いずれも1回あたり

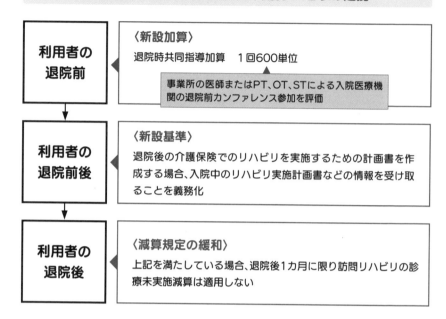

退院前後における医療機関と介護リハビリの連携

利用者の退院前

〈新設加算〉
退院時共同指導加算　1回600単位

事業所の医師またはPT、OT、STによる入院医療機関の退院前カンファレンス参加を評価

利用者の退院前後

〈新設基準〉
退院後の介護保険でのリハビリを実施するための計画書を作成する場合、入院中のリハビリ実施計画書などの情報を受け取ることを義務化

利用者の退院後

〈減算規定の緩和〉
上記を満たしている場合、退院後1カ月に限り訪問リハビリの診療未実施減算は適用しない

重要なのは「そのサービスが介護予防につながっているのかどうか」という点です。その点から、ただ「12カ月」という期間を区切って減算することについては、異論も多く出ていました。

　そこで、以下の要件を満たす場合に、減算は未適用となりました。

〈1〉 3カ月に1回以上、リハビリ会議を実施し、利用者の状況について会議の構成員と情報を共有すること

〈2〉 利用者の状態に応じて、リハビリ計画書を見直すこと

〈3〉 リハビリ計画書等の内容をLIFEに提供し、フィードバックを受けて、それをリハビリの有効な実施のために活用していること

　なお、〈1〉～〈3〉を行なっていない場合の減算は大幅に拡大されます。加えて、介護予防訪問リハビリテーションについては、そもそもの基本報酬も引き下げられました。いずれにしても、予防リハを行なう事業所としては、大変厳しい改定となったわけです。

　また、訪問・通所リハビリの両改定で、もう1つの注目点となるのが、

その他の訪問・通所リハビリにおける改定事項

訪問リハビリ	新設加算	認知症短期集中リハビリテーション実施加算：1日240単位 ➡認知症の人のうち、リハビリによって生活機能の改善が見込まれると医師が判断した者に対して、医師またはPT、OT、STが、退院・訪問開始日から3カ月以内の期間に集中的に行なうリハビリを評価（週2日限度）
	基準改定	みなし指定の範囲拡大 ➡病院、診療所に加え、老健、介護医療院を追加
通所リハビリ	加算要件見直し	入浴介助加算Ⅱの要件緩和 ➡「通所介護」と同様（82ページ参照）
	基準改定	共生型自立訓練（機能訓練）を提供する場合 ➡訓練を提供する場合の人員・設備の共有を可能とする
	基本報酬見直し	「通常規模型」「大規模型Ⅰ」「大規模型Ⅱ」の3段階を「通常規模型」「大規模型（新）」の2段階に ➡大規模型（新）のうち、リハビリテーションマネジメント加算を算定している利用者が80%以上でリハビリテーション専門職の配置が10：1以上の条件を満たす場合、通常規模型と同等の評価に

対医療連携にかかわる項目です。特に重要なポイントは、**入院していた利用者が退院直後に開始するリハビリの効果を上げる**ことです。

　まずは、退院早期から質の高いリハビリを実施するため、事業所のリハビリ専門職が入院医療機関側の退院前カンファレンスに参加し、利用者に対して共同指導を行なった場合の評価が設けられました。これが、リハビリ系サービスでの「退院時共同指導加算（1回600単位）」です。

　さらに、入院中にリハビリを行なっていた利用者について、退院後のリハビリ計画書を作成する医師は、入院中のリハビリ実施計画書を受け取って内容を把握することが義務づけられました。

　なお、入院中からリハビリを実施しているケースにおいて、入院医療機関からの情報によって退院後のリハビリを開始した場合、退院後1カ月に限って診療未実施減算は適用されないことになりました。その他のリハビリ系サービスの改定項目については、上の図を参照してください。

短期入所生活介護・短期入所療養介護

生活介護で看取り期の連携評価
一方で長期利用の適正化を推進

**改正の
ポイント**
- ☑ 生活介護で看護体制強化の看取り連携体制加算を新設
- ☑ 長期利用は60日超で新たな減算区分

看取り期のレスパイトに対応した加算

　短期入所系サービスで大きなニーズとなっているのが、看取り期の家族のレスパイトです。これに対応するため、**短期入所生活介護（以下、生活介護）**において「**看取り連携体制加算（1日64単位）**」が設けられました。死亡日および死亡前30日以下について、7日を限度に算定できます。

　看取り期（医師が判断）では、本人の容態急変を想定した看護体制がカギです。同加算の要件も、看護体制加算（Ⅰ～Ⅳ）の算定が必要となります。なお、看護体制加算Ⅰ・Ⅲの場合は、外部の訪問看護ステーション等との連携で24時間連絡できる体制を整えていなければなりません。

　一方、生活介護で注意したいのが、長期利用の適正化が図られたことです。生活介護の場合、ニーズの高まりの一方で、「長期利用」の多さから「空きがないから利用できない」という状況が問題となっています。

　もともと利用が連続して30日を超えると、そこからは介護報酬は算定されません。**30日を超えた時点で「自費利用」を1日設けると、その後はさらに30日報酬は算定できますが、その場合は減算が適用**されます。

　今改定では、ここに「60日を超えた場合」の減算区分が加わりました。

　ちなみに、介護予防短期入所生活介護については、連続30日を超えた場合（「自費利用」を1日はさむ）の減算規定はありませんでした。

　これに対し、今改定では、やはり以下のような減算規定が設けられました。ユニット型の場合、ユニット型特養を基準として、要支援1でその報酬の25％、要支援2で7％の減算となります。

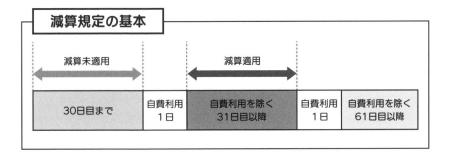

短期入所生活介護の「長期利用」の減算拡大（介護給付の場合）

減算規定の基本

減算未適用		減算適用		
30日目まで	自費利用 1日	自費利用を除く 31日目以降	自費利用 1日	自費利用を除く 61日目以降

改定後

（要介護3の場合）	単独型	併設型	単独型 ユニット型	併設型 ユニット型
基本報酬	787単位	745単位	891単位	847単位
長期利用者減算適用後 （31日～60日）	757単位	715単位	861単位	817単位
長期利用の適正化 （61日以降）（新設）	732単位	715単位	815単位	815単位
（参考） 介護老人福祉施設	732単位		815単位	

※長期利用について、介護福祉施設サービス費の単位数と同単位とする。（併設型は、すでに長期利用者に対する減算によって介護福祉施設サービス費以下の単位数となっていることから、さらなる単位数の減は行なわない。）

短期入所療養介護で総合医学管理加算の要件緩和

　もう1つの短期入所系である短期入所療養介護（以下、療養介護）ですが、こちらは在宅での重度療養ニーズへの対応がポイントです。例えば現行では、治療管理を目的とした受入れをした場合に「総合医学管理加算（1日275単位）」が算定できることになっています。

　今改定では、この**治療管理ニーズの受入れをさらに促進するために、同加算の算定要件が緩和**されました。改定前は「ケアプランで計画的に位置づけられていない（緊急を要する）場合」のみが算定できました。これが、ケアプランに位置づけられていても算定可能となりました。

　また、算定日数についても「7日→10日」と延長されています。

福祉用具貸与・特定福祉用具販売

貸与・販売の選択制の導入
貸与時のモニタリング強化も

**改正の
ポイント**

- ☑ 一部福祉用具を対象に貸与と販売の選択制を導入
- ☑ 貸与についてモニタリングの結果の記録義務づけ

選択制の対象は歩行器や単点・多点杖など

　福祉用具については、**一部福祉用具を対象に、貸与と販売の選択制が導入される**ことになりました。貸与期間が長引いて給付費がかかることに対し、財務省などが販売への移行を提言したことによるものです。

　対象となるのは、比較的廉価で購入した方が利用者の負担を抑える可能性が高いものです。具体的には、「固定用スロープ、歩行器（車輪を付けた歩行車を除く）、単点杖（松葉杖を除く）、多点杖」となっています。

利用者の適切な選択をサポートするプロセス

　選択するのは利用者ですが、そのためには適切な判断をするための情報が必要です。そこで、以下のようなプロセスがとられます。

①選択できることやそのメリット・デメリットについて、福祉用具専門相談員またはケアマネジャーから、利用者に対して十分説明すること

②選択に際してのケアマネジャーなどから利用者への提案については、医師や専門職の意見、利用者の身体状況等を踏まえること

③選択で「貸与」となった場合、利用開始後６カ月以内に、福祉用具専門相談員が１回以上モニタリングを実施、貸与継続の必要性を検討すること

④選択で「販売」となった場合、福祉用具専門相談員が特定福祉用具販売計画を作成し、その目標の達成状況を確認すること

⑤④の「販売」に関し、利用者等からの要請に応じて福祉用具専門相談員

貸与・販売の「選択制」を行なううえでの規定

STEP 1 利用者が「選択」する前に福祉用具専門相談員
およびケアマネジャーが行なうこと

1.「貸与or販売」を利用者が選択できることを説明する

2. 利用者の選択に当たって、必要な情報を提供する

3. 医師や専門職の意見、利用者の身体状況等を踏まえ提案する

STEP 2 「貸与or販売」後に福祉用具専門相談員が
行なうこと

貸与の場合	販売の場合
利用開始後少なくとも6カ月以内に一度モニタリングを実施し、貸与継続の必要性を検討	・特定福祉用具販売計画にもとづいた目標の達成状況を確認

【モニタリングについて】
・実施時期を計画で明記
・モニタリング結果を記録し、ケアマネジャーに交付

・利用者等からの要請等に応じ、福祉用具の使用状況を確認し、必要な場合は、使用方法の指導や修理等に努める

・商品不具合時の連絡先について情報提供

が使用状況を確認し、使用方法の指導・メンテナンス等に努めること

モニタリングの適切な実施を担保するしくみ

　貸与・販売の選択プロセスの③で、モニタリングについてふれられています。福祉用具貸与に係る運営基準では、福祉用具貸与計画の作成やその実施状況の把握（モニタリング）に係る規定は示されていますが、モニタリングの適切な実施を担保する規定はありません。

　今改定では、このモニタリングに関して以下の規定が追加されました。

（1）福祉用具貸与計画に、モニタリングの実施時期を明記すること

（2）モニタリングを実施した場合の記録を作成し、それを担当ケアマネジャーに交付すること（記録をもとに計画の見直しを行なう）

　いずれにしても、**福祉用具を活用することで、利用者の自立支援が適切に進むようなしくみが整えられた**ことになります。

小規模多機能型居宅介護

総合マネジメント体制強化加算
引上げ区分の地域連携要件を拡充

**改正の
ポイント**

☑ 懸案の総合マネジメント体制強化加算が2区分に
☑ 認知症加算も専門性をさらに評価し再編成

小規模多機能型居宅介護の位置づけ

　国が推し進める地域包括ケアシステムにおいて、小規模多機能型居宅介護（以下、小多機）は、ますます大きなカギと位置づけられています。その**サービスの質を担保するしくみ**が、「総合マネジメント体制強化加算」です（定期巡回・随時対応型訪問介護看護、看護小規模多機能型居宅介護〈以下、看多機〉も同様）。

論点だった基本報酬への組み込みは見送り

　改定前の同加算が求めている、「個別サービス計画の適宜の見直し」や「地域交流の推進」、「地域の医療機関等との情報連携」については、小多機などの包括型サービスでは「実施するのが当然」という見方があります。また、実際に算定率は9割という高さが見られます。

　そのため、当初は同加算を廃止して、基本報酬に包含するという案が出ていました。しかしながら、同加算はもともと区分支給限度基準額の枠外となっており、これを基本報酬に組み込むと基準額をオーバーする利用者が出てくることが懸念されました。

　そこで、基本報酬への組み込みは見送られ、代わって**サービスの質のさらなる向上**を目指した区分の再編と要件の見直しが行なわれました。

上乗せ区分では7項目の新要件がプラス

　加算の区分は改定前の1区分から2区分へと再編。改定前の要件のみ

総合マネジメント体制強化加算の見直しについて
（看多機、定期巡回・随時対応型含む）

算定要件 （4）〜（10）は新設	加算Ⅰ：1,200単位（新設）			加算Ⅱ：800単位（現行の1,000単位から見直し）		
	小規模多機能型居宅介護	看護小規模多機能型居宅介護	定期巡回・随時対応型訪問介護看護	小規模多機能型居宅介護	看護小規模多機能型居宅介護	定期巡回・随時対応型訪問介護看護
（1）個別サービス計画について、利用者の心身の状況や家族を取り巻く環境の変化を踏まえ、介護職員（計画作成責任者）や看護職員等の多職種協働により、随時適切に見直しを行なっていること	○	○	○	○	○	○
（2）利用者の地域における多様な活動が確保されるように、日常的に地域住民等との交流を図り、利用者の状況に応じて、地域の行事や活動等に積極的に参加していること	○	○		○	○	
（3）地域の病院、診察所、介護老人保健施設等に対し、事業所が提出することのできるサービスの具体的な内容に関する情報提供を行なっていること		○	○		○	○
（4）日常的に利用者と関わりのある地域住民等の相談に対する体制を確保していること	○	○	○			
（5）必要に応じて、多様な主体が提供する生活支援のサービス（インフォーマルサービスを含む）が包括的に提供されるような居宅サービス計画を作成していること	○	○				
（6）地域住民等との連携により、地域資源を効果的に活用し、利用者の状態に応じた支援を行なっていること	事業所の特性に応じて1つ以上実施	事業所の特性に応じて1つ以上実施	○	実施　事業所の特性に応じて1つ以上		
（7）障害福祉サービス事業所、児童福祉施設等と協働し地域において世代間の交流の場の拠点となっていること（※）			事業所の特性に応じて1つ以上			
（8）地域住民等、他事業所等と共同で事例検討会、研修会等を実施していること						
（9）市町村が実施する通いの場や在宅医療・介護連携推進事業等の地域支援事業等に参加していること						
（10）地域住民及び利用者の住まいに関する相談に応じ、必要な支援を行なっていること						

（※）定期巡回、随時対応型訪問介護看護については、「障害福祉サービス事業所、児童福祉施設等と協働し、地域において世代間の交流を行なっていること。」が要件

をクリアした場合は加算IIとなり、単位は「月1,000単位→月800単位」と引き下げられました。その分、**基本報酬は若干引き上げられたので、単位の一部が実質的に基本報酬に組み込まれた**という見方もできます。

一方、加算Iですが、こちらの単位は「月1,000単位→月1,200単位」へと引き上げに。その代わり、7項目の新たな要件が加わりました。

具体的な追加要件は前ページの図のとおりですが、「地域住民等との連携」や「多様な地域資源の活用」、「共生型社会を見すえた取組み」がポイントです。

認知症加算は専門研修修了者の配置などが要件に

小規模多機能型居宅介護といえば、認知症の人の在宅生活を支える重要なサービスでもあります。地域で認知症の人が増え続ける中では、今まで以上に**専門性の高い認知症ケアが提供できるかどうか**が問われます。

そこで、小多機等の認知症加算についても加算の区分再編が行なわれ、上位区分I・IIは、認知症ケアに係る専門的研修の修了者の配置や技術的指導等に係る会議の開催など要件の見直しが行なわれました（看多機も同様）。

そのうえで、Iで「月800単位→920単位」、IIで「月500単位→890単位」という具合に、単位が大幅に引き上げられています。

一方で、既存要件を満たす区分はIII・IVとなり、それぞれに、III「月800単位→760単位」、IV「月500単位→月460単位」と引き下げられました。

なお、その他の見直しとしては、人員不足の中での効率化という観点から「管理者の配置基準」が見直されています。具体的には、兼務できる範囲の限定を緩やかにしたことです（看多機も同様）。

小多機、看多機の「認知症加算」の再編について

改定前

改定後

旧Ⅰ　月800単位
認知症日常生活自立度Ⅲ以上の利用者にサービス提供

→

新Ⅲ　月760単位
要件変わらず

旧Ⅱ　月500単位
要介護2以上＋認知症日常生活自立度Ⅱ以上の利用者にサービス提供

→

新Ⅳ　月460単位
要件変わらず

新要件

①認知症介護実践リーダー研修等修了者を、認知症日常生活自立度Ⅲ以上の人数に応じて配置

②認知症日常生活自立度Ⅲ以上の利用者に、専門的な認知症ケアを実施

③従事者に対して、認知症ケアに関する留意事項の伝達または技術的指導に係る会議を定期的に開催

④認知症介護指導者研修修了者を1名以上配置し、事業所全体の認知症ケアの指導等を実施

⑤介護・看護職員ごとの認知症ケア研修計画を作成し実施（予定含む）

①〜⑤を満たした場合 ➡ 新Ⅰ　月920単位

①、②、③を満たした場合 ➡ 新Ⅱ　月890単位

看護小規模多機能型居宅介護

法改正でサービス内容を明確化し 報酬・基準も一部見直し

改正の ポイント

☑ 「通い」「泊まり」の看護サービス提供を明確化
☑ 「訪問」以外でも緊急時への看護対応を評価

「複合型サービス」の定義を見直し

2023年の介護保険法改正で、看護小規模多機能型居宅介護（以下、看多機）をはじめとする「複合型サービス」の定義が見直されました。具体的には、**看多機のサービスの内容が明確にされた**ことです。

「通い」や「泊まり」の看護提供を法律で明確化

改正前は「訪問看護と小多機の組み合わせ」というだけでした。これだと、看護サービスは「訪問のみで提供される」と解釈されがちです。

実際には、「通い」や「泊まり」でも看護サービスは提供できますが、そのあたりが明確でないために、利用者側の誤解や現場での解釈の混乱などが見られ、サービス利用をはばむ要因の1つという指摘もありました。

これを受け、介護保険法の改正条文では、「居宅において（訪問）」、「拠点に通わせ（通い）」、「短期間宿泊させ（泊まり）」という**3つの場面で、「必要な療養の補助を行なう」**ということが整理されました。

基準省令でも改正法に合わせた定義づけに

介護保険法が改正されたことで、**報酬や基準を定める省令も見直されました**。例えば、地域密着型サービスの基準の第177条「看多機の具体的取扱い方針」では、以下の一文が加えられています。

「当該利用者の居宅において、またはサービスの拠点に通わせ、もしくは短期間宿泊させ、日常生活上の世話および機能訓練並びに療養上の世話ま

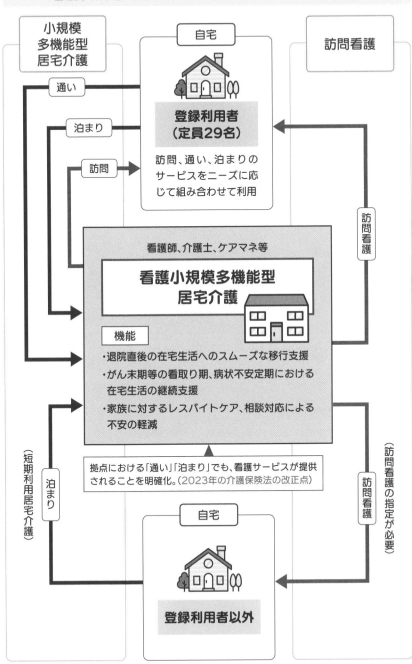

「看護小規模多機能型居宅介護」のサービス内容を見直し

小規模多機能型居宅介護

訪問看護

自宅

登録利用者（定員29名）

訪問、通い、泊まりのサービスをニーズに応じて組み合わせて利用

通い

泊まり

訪問

訪問看護

看護師、介護士、ケアマネ等

看護小規模多機能型居宅介護

機能

・退院直後の在宅生活へのスムーズな移行支援
・がん末期等の看取り期、病状不安定期における在宅生活の継続支援
・家族に対するレスパイトケア、相談対応による不安の軽減

拠点における「通い」「泊まり」でも、看護サービスが提供されることを明確化。（2023年の介護保険法の改正点）

（短期利用居宅介護）

泊まり

自宅

登録利用者以外

訪問看護

（訪問看護の指定が必要）

たは必要な診療の補助を（妥当適切に行なうものとする）」というものです。

これは、先の介護保険法の改正点が、そのまま反映されています。

利用者ごとの「納得感」に応える減算規定

法改正により、さまざまな場面で「看護サービス」が提供される土台は整ったことになります。ただし、利用者ニーズは、要介護度などによってバラつきが生じがちという実情もあります。

看多機は包括報酬で、小多機と比べると看護ニーズに対応する分、1月あたり4,000単位以上高くなっています。国のデータでは、要介護度が低いほど「通い」や「泊まり」の利用は少なくなっています。それで包括報酬による利用者負担が高額になれば、看多機自体の利用を渋る→利用が伸びないという、以前の課題が繰り返されることになります。

そこで、「提供回数が少ない場合」の減算（30％減算）について、「登録者1人あたりの平均回数」だけでなく、「特定の利用者の利用回数」によっても適用することになりました。これにより、利用者ごとの「負担とサービス量のバランス」について納得感を得やすくしたわけです。

緊急時訪問看護加算を「泊まり」にも適用

看多機では、緊急時の訪問看護を評価する加算（緊急時訪問看護加算…月574単位）があります。しかし、利用者が看取り期に近づいたりすると、緊急の「泊まり」の受入れも増えることがわかっています。

こうしたニーズが高まると、看多機も人員不足が深刻な中で、対応が難しくなります。そこで、**緊急時の訪問看護だけでなく、「緊急時の宿泊」も含めて評価する**ことになりました。

訪問看護以外も含まれるので、加算の名称は「緊急時対応加算」。単位数も月774単位に引き上げられています。

「緊急時訪問」の評価を「緊急時対応」に拡大

改定前

改定後

**緊急時訪問看護加算
月574単位**

要件

①利用者・家族等に対して24時間
連絡できる体制にあること

②計画的に訪問することとなって
いない「緊急時での訪問（訪問看
護に限る）」を必要に応じて行な
う体制にあること

**緊急時対応加算
月774単位**

要件

①利用者・家族等に対して24時間
連絡できる体制にあること

②「改定前②」の体制に加えて「計
画的に宿泊することとなってい
ない緊急時における宿泊」の受
入れを必要に応じて行なう体制
にあること

その他、訪問看護の加算等見直しで、看多機に適用されるものもある

・「専門管理加算（月250単位）」の新設

　➡専門性の高い看護師による、特別なケア（緩和ケアなど）を評価

・「ターミナルケア加算」の単位引き上げ（死亡月に2,500単位）

　➡診療報酬上のターミナルケアの評価と揃えた

・「遠隔死亡診断加算（1回150単位）」の新設（詳細は76ページ参照）

　➡ICTを活用して、医師の死亡診断を補助した場合の評価

特定施設入居者生活介護

医療ケアを要する利用者を 積極的に受け入れる体制を促進

改正の ポイント

☑ 夜勤・宿直を行なう看護職員の配置を評価
☑ 口腔衛生管理体制加算を廃止して基準に組み込み

医療的ケアに対する加算見直し

いわゆる「介護付き有料老人ホーム」である特定施設入居者生活介護（以下、特定施設）ですが、要介護3〜5の中重度の入居者が全体の約45％を占めています。それにともない、医療的ケアのニーズも高まっています。

こうした状況を受けて、2024年度改定では、**医療的ケアへの対応をテーマとした加算の見直しが2つ行なわれました。**

「夜間看護体制加算」に単位引上げの新区分

1つは、24時間の看護の提供体制などを評価した「夜間看護体制加算」です。区分を2つに再編したうえで、**特定施設内での夜勤・宿直による看護職員の配置を評価し、単位を引き上げた新区分が誕生**しました。

新区分の単位は、現行から1日あたり8単位アップしています。

一方で、現行区分については、「訪問看護ステーションとの連携等による24時間連絡体制等」という要件を維持しつつ、単位が1日あたり1単位引き下げられました。特に夜間帯の看護職員の採用は、地域によって困難なケースもあり、現場にとっては厳しい改定かもしれません。

「入居継続支援加算」での受入れニーズを拡大

もう1つの医療的ケアへの対応強化は、「入居継続支援加算（Ⅰ・Ⅱ）」の再編です。同加算は、一定の医療ケアを要する入居者の受入れ割合や人員体制を評価したもので、2018年度改定で誕生しています。

特定施設での医療的ケアの対応強化①夜間看護体制加算の見直し

改定前		改定後

区分を2つに再編

改定前
・夜間看護体制加算：
　1日10単位

改定後
・夜間看護体制加算Ⅰ：1日18単位
・夜間看護体制加算Ⅱ：1日9単位

旧要件

①看護職員（病院・診療所、訪問看護ステーションとの連携でも可）により、利用者に対して、「24時間連絡できる体制」や「必要に応じて健康上の管理などを行なう体制」を確保していること

②常勤の看護師を1名以上配置し、看護に係る責任者を定めていること

③重度化した場合の対応に係る指針を定め、入居の際に、利用者・家族等に対して指針の内容を説明し、同意を得ていること

①～③：
そのまま新加算Ⅱの要件に

②③：
下記の新要件をプラスして、新加算Ⅰの要件に

新要件

❶夜勤または宿直を行なう看護職員を1名以上確保していること

病院等に併設する特定施設の場合、その病院に勤務する看護職員等を夜勤・宿直に配置することも可（その病院の体制に支障をきたさない場合に限る）

❷❶の看護職員による「必要に応じて健康上の管理等を行なう体制」を確保していること

今改定では、①上記の「一定の医療ケア」の範囲の拡大、②医療ケアへの対応強化から「常勤の看護師配置」を求めることとなりました。

①については、現行の「口腔・鼻腔内の喀痰吸引」や「胃ろう・腸ろうによる経管栄養」などに、「尿道カテーテル」や「インスリン注射」の実施が加えられています。また、②については、看護師配置だけでなく「看護に係る責任者を定めること」も求められています。

このように**要件ハードルは上がったわけですが**、単位数（Ⅰ…1日36単位、Ⅱ…1日22単位）は変わっていません。

口腔機能向上のテーマに沿った「義務強化」

2024年度改定では、利用者の自立支援・重度化防止に向け、口腔機能の向上を目指したしくみが数多く誕生しています。この点は、**複数のサービスにまたがる改定も多いため**、144ページでまとめて取り上げています。

ここで取り上げるのは、特定施設を対象とした改定ですが、やはり上記の「口腔機能の向上」という流れに沿ったものです。

具体的には、特定施設の口腔衛生管理体制加算を廃止し、要件の一部を緩和したうえで運営基準に組み込んだことです。「選択制」の加算が「義務化」されるため、現場としては対応が追いつかない可能性があります。

そこで、**2027年3月末までの経過措置**が設けられることになりました。

2021年度の施設系改革が特定施設でも実施

ご存じのとおり、同様の改定は、2021年度に特養ホームなどの介護保険施設で実施されています。これが、特定施設にも広がったわけです。

新基準として定められたのは、「口腔衛生の管理体制を整備し、各利用者の状態に応じた口腔衛生の管理を計画的に行なう」ことです。

具体的に何をすればいいかといえば、以下のとおりです。

（1）歯科医師または歯科医師の指示を受けた歯科衛生士による、介護職員への口腔衛生に係る技術的助言・指導を年2回以上受けること。（2）（1）の指導・助言にもとづき、入居者の口腔衛生の管理体制に係る計画を作成すること――となります。

特定施設での医療的ケアの対応強化②入居継続支援加算の見直し

改定前	改定後
・入居継続支援加算Ⅰ：1日36単位 ・入居継続支援加算Ⅱ：1日22単位	変更なし

選択的要件

❶（A）の医療的ケアを必要とする入居者の割合が15%以上である

❷「（A）の医療的ケア」および「（B）の医療的ケア」を必要とする入居者の割合が15%以上

＋

常勤の看護師を1名以上配置し、看護に係る責任者を定めていること

※下線部が「新設要件」

（A）…「口腔内・鼻腔内・気管カニューレ内部の喀痰吸引」、「胃ろう・腸ろうによる経管栄養」、「経鼻経管栄養」

（B）…「尿道カテーテル留置」「在宅酸素療法」「インスリン注射」を、それぞれ実施している状態

> 加算Ⅰ：❶or❷に適合していること
> 加算Ⅱ：❶or❷に適合し「❶、❷に該当する入居者の割合がそれぞれ5%以上15%未満」であること

必須要件（旧要件）

❸介護福祉士の数（常勤換算）が、入居者の数が6またはその端数を増すごとに1以上（テクノロジーの複数活用の場合は緩和）

❹人員基準欠如に該当していないこと

認知症対応型共同生活介護

認知症BPSDの発現防止や早期対処、医療的ケアへの対処などを評価

**改正の
ポイント**

☑ 認知症GHなどに認知症チームケア推進加算
☑ 医療連携体制加算で体制・受入れ要件を分けて評価

認知症BPSD予防・対処を評価した新加算

認知症対応型共同生活介護（以下、認知症GH）では、認知症ケアに係る新加算が設けられました（特養ホームなど施設系サービスも同様）。

それが、「認知症チームケア推進加算」です。2区分から構成され、Ⅰは月150単位、Ⅱは月120単位が算定されます。

この加算の狙いは、**認知症の行動・心理症状（以下、BPSD）の発現を防いだり、出現時に早期に対応する**ことにあります。これにより、認知症の利用者のQOLの維持・向上を図ることが目的です。

利用者のBPSDを一定指標で定期的に評価

認知症のBPSDについては、さまざまな要因（本人の健康状態や環境、対人関係など）があります。その**要因を把握し、チームで適切なケアを推進することを評価**します。そのための要件を整理すると以下のとおりです。

①利用者のうち、認知症日常生活自立度Ⅱ以上が半分以上（利用者要件）

②認知症BPSDの防止・早期対処に資する専門的な研修を修了している者などを1名以上配置（ⅠとⅡで対象となる研修は異なる）

③②を中心に、複数の介護職員によるチームを形成

④③において、算定対象者に対し、個別に認知症のBPSDの評価を計画的に行ない、その評価にもとづく値を測定し、BPSDの予防等に資するチームケアを実施していること(ケア計画の作成や見直しなども必要)

なお、④の中の「定期的な評価」については、国が定める評価指標を

新設の「認知症チームケア推進加算」のしくみ

認知症チームケア推進加算

Ⅰ　月150単位

人員要件

認知症介護指導者研修における
BPSD予防等のカリキュラムを修
了した者等※を1名以上配置＋介
護職によるケアチームを構成

Ⅱ　120単位

人員要件

認知症介護実践リーダー研修およ
び認知症チームケア推進研修を修
了した者を1名以上配置＋介護職
によるケアチームを構成

※BPSDの予防等に資するケアプログラムを含んだ研修など

共通要件

①利用者のうち、「周囲の者による日常生活に対する注意を要する認知症の者（認知
　症日常生活自立度Ⅱ以上）」の占める割合が2分の1以上

②算定の対象者に対し、個別に認知症BPSDの評価を計画的に行ない、その評価に
　もとづく値を測定し、BPSDの予防等に資するチームケアを実施

③認知症のBPSDの予防等に資する認知症ケアについて、カンファレンスの開催、
　計画の作成、BPSDの有無・程度についての定期的な評価、ケアの振り返り、計画
　の見直し等を実施

②、③の評価方法

国が定める指標（BPSDQ25など）を活用

・BPSDQ25（25項目の症状について有無をチェックしスコア化するもの）

※上記指標を用いたうえで、「認知症チームケア推進加算・ワークシート」等で記録し振り返りを行なう

※介護老人福祉施設（特養ホーム）などの施設系サービスも同様

もって行ないます。想定されているのはBPSDQ25などです。そのうえで、国の示す「認知症チームケア推進加算・ワークシート」で振り返りを行ないます。

医療ニーズの受入れを評価した加算再編

認知症GHについては、入居者の高齢化にともない、さまざまな医療的ケアを要するケースが増えていて、その対応は近年の大きな課題です。

この医療ケアニーズへの対応を評価したのが、「医療連携体制加算」です。この加算が、現場の実情を考慮したうえで再編されました。

改定前は3区分のみで構成されていました。（訪問看護との連携を含めて）看護体制を確立したうえで、高単位が算定できる区分（Ⅱ・Ⅲ）では、実際に医療ケアニーズのある利用者を受け入れることが要件でした。

ところが、**受入れ要件のないⅠでは、体制を整えているにもかかわらず、必ずしも医療ニーズへの対応が行なわれていない**ことがわかりました。

そこで、加算を（1）体制要件を評価したものと（2）受入れ要件を評価したものに分け、（1）を算定したうえで、実際に「医療的ケアが必要な人」を受け入れている場合に（2）を上乗せするというしくみとしました。

なお、（2）の受入れケースでは、対象となる範囲を広げつつ、実績について「過去1年→3カ月」というハードルアップが図られています。

見守り機器導入による夜間支援体制加算の緩和

その他の改定事項としては、**夜勤職員の手厚い配置を評価した「夜間支援体制加算」での緩和された要件区分**ができたことです。

現行では、夜勤職員プラス1人（常勤換算）が必要ですが、改定後は一定要件を満たした場合に「プラス0.9人」で算定できます。

この場合の「一定要件」とは、「センサーなどの見守り機器を、利用者の1割以上に導入していること」、「利用者の安全やサービスの質の確保、職員の負担軽減に資する方策を検討する委員会を設置し、必要な検討等が行なわれていること（委員会開催は3カ月に1回以上）」となります。これは、生産性向上にかかわる改定で、すでに2018年度に同じ改定が特養ホームで導入されています。

「医療連携体制加算」の再編と受入れ要件追加

Ⅰ 1日39単位

体制要件

訪問看護等との連携可

・受入れ要件なし

Ⅱ 1日49単位　Ⅲ 1日59単位

体制要件

看護職員（Ⅲは看護師）を常勤で1名配置

受入れ要件

算定日の前1年での受入れ実績を評価

改定後

医療連携体制加算Ⅰ		イ	ロ	ハ
単位数		57単位／日	47単位／日	37単位／日
体制評価 算定要件	看護体制要件	事業所の職員として看護師を常勤換算で1名以上配置していること。	事業所の職員として看護職員を常勤で1名配置していること。	事業所の職員として、または病院、診療所もしくは訪問看護ステーションとの連携により、看護師を1名以上確保していること。
		事業所の職員である看護師、または病院、診療所もしくは訪問看護ステーションの看護師との連携により、24時間連絡できる体制を確保していること。		
	指針の整備要件	重度化した場合の対応に係る指針を定め、入居の際に、利用者またはその家族等に対して、当該指針の内容を説明し、同意を得ていること。		

医療連携体制加算Ⅱ		医療連携体制加算Ⅰのいずれかを算定していることが要件
単位数		5単位／日
受入れ評価 算定要件	医療的ケアが必要な者の受入れ要件	算定日が属する月の前3月間において、次のいずれかに該当する状態の入居者が1人以上であること。 ①喀痰吸引を実施している状態 ②経鼻胃管や胃瘻等の経腸栄養が行なわれている状態 ③呼吸障害等により人工呼吸器を使用している状態 ④中心静脈注射を実施している状態 ⑤人工腎臓を実施している状態 ⑥重篤な心機能障害、呼吸障害等により常時モニター測定を実施している状態 ⑦人工膀胱または人工肛門の処置を実施している状態 ⑧褥瘡に対する治療を実施している状態 ⑨気管切開が行なわれている状態 ⑩留置カテーテルを使用している状態【新規】 ⑪インスリン注射を実施している状態【新規】

介護老人福祉施設

配置医師等による緊急時の
対応方法やその評価を見直し

**改正の
ポイント**

☑ 物価高騰などへの対処から基本報酬は大幅アップ
☑ 利用者の状態急変を想定した配置医師等の役割

介護老人福祉施設の基本報酬がアップ

　介護老人福祉施設（以下、特養ホーム）で、まず注目したいのは基本報酬が大幅に引き上げられたことです。施設の類型によっては、3％近いアップも見られます。それだけ、コロナ禍での従事者の疲弊や急速な物価高騰によって、施設経営が悪化していたことを反映しています。

　一方、利用者の高齢化等により、容態が急変しやすい疾患のある人も増え、緊急時の対応も問われています。その際の**配置医師や協力医療機関との連携のしくみ**などの整備も大きなテーマの1つです。

「配置医師緊急時対応加算」の要件範囲を拡大

　配置医師をめぐっては、利用者の状態に応じた対応の範囲や介護・医療給付の調整などについて、誤解が生じやすいという課題がありました。

　そこで、今改定を機に、改めて**上記の範囲や給付調整について、具体的な事例等を示す**など明確化が図られることになりました。

　そのうえで、利用者の急変時に「配置医師がかけつける」などの対応を評価する範囲が広がりました。それが、「配置医師緊急時対応加算」の対応時間帯に応じた新区分を設けたことです。

　具体的には、改定前が「早朝・夜間」と「深夜」のみだった評価に、それ以外の時間帯（日中でも、配置医師が勤務外となっている時間帯）についても、評価のための新たな区分が設けられました。

　それ以外の要件については、変更はありません。例えば、「複数名の配

特養ホーム入所者の「容態急変」を想定した対応

事前の対応方法取り決め

改定前	改定後
配置医師との連携方法・対応方法の事前取り決め	①取り決め対象について協力医療機関を追加 ②取り決めについて1年に1回以上見直し

配置医師緊急時対応加算

改定前	改定後
早朝・夜間 1回650単位 深夜 1回1,300単位	＋ 配置医師の通常の勤務時間外（早朝・夜間、深夜を除く）1回325単位

配置医師等による診療の給付範囲の整理

医療保険で評価

末期の悪性腫瘍の場合

看取りの場合※

緊急の場合

配置医の専門外で特に診療を必要とする場合

→ 外部医師

介護保険で評価

投薬・注射、検査、処置など、「特別養護老人ホーム等における療養の給付の取扱いについて」で診療報酬の算定ができないとされているもの以外の医療行為の場合

健康管理・療養上の指導

→ 配置医師

※在宅療養支援診療所等の医師による看取りの場合に限る。

置医師を置いていること」や「配置医師と協力医療機関の医師が連携し、施設の求めに応じ24時間対応の体制を確保していること」は同じです。

緊急時の対応方法をめぐる取り決め見直し

利用者の容態急変時などにおける、配置医師や協力医療機関との連携方法についてですが、その規定も見直されました。

具体的には、**容態急変時等に対応方法を定めるという規定をめぐり、以下の2点が加えられた**ことです。

①施設と配置医師だけでなく「協力医療機関との連携」が明記された

②対応方法について、1年に1回以上の見直しを求めた

なお、2024年度改定では、施設系・居住系サービスに対し、「協力医療機関との連携」をめぐる基準や加算が数多く誕生しています。これらの詳細については、136ページを参照してください。

施設による透析患者の送迎を評価した新加算

特養ホームにおける、特別な疾患がある利用者への対応として、新設されたのが「透析患者の送迎」に係る評価です。

入所者で定期的な透析が必要な場合、原則としては利用者の家族や医療機関側が「送迎」を手がけます。しかし、それが難しい場合、**施設側で送迎を行なうことに対し「特別通院送迎加算」が算定できる**ことになりました。月12回以上の送迎で、月594単位が算定されます。

離島・過疎地における小規模特養ホームの特例

その他の見直しとしては、離島や過疎地域において利用定員30人の小規模な特養ホームをめぐる基準上の対応があげられます。

離島や過疎地域では、サービスの資源確保が困難な状況があり、そのために上記の**小規模特養ホームとの併設資源における人員配置基準の緩和**が図られました。

例えば、通所介護等を併設する場合には、その事業所に生活相談員や機能訓練指導員を配置しなくてもOKとなりました。

利用者の「透析」時の送迎を評価した新加算

新設　特別通院送迎加算　月594単位

対象となる入所者および要件

「透析を要する人」かつ「家族や病院等による送迎が困難であるなど、やむを得ない事情がある場合」➡月12回以上、施設側が送迎

介護老人福祉施設（特養ホーム）の基本報酬はどれだけアップしたか？

ユニット型個室の場合

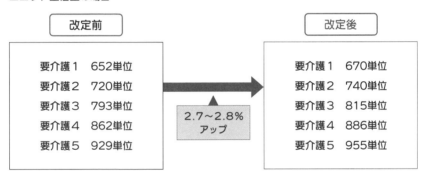

改定前

要介護1	652単位
要介護2	720単位
要介護3	793単位
要介護4	862単位
要介護5	929単位

2.7〜2.8%
アップ

改定後

要介護1	670単位
要介護2	740単位
要介護3	815単位
要介護4	886単位
要介護5	955単位

介護老人保健施設［その1］

受入れからターミナルまで
重度療養者に対応する評価を拡充

**改正の
ポイント**

☑ 急性期からの受入れ促進に向けた初期加算の新区分
☑ ターミナル期を視野に入れた疾患対応とケアの評価

医療機関内の連携への対応強化

　入院医療機関の在院日数が少なくなる中、急性期から間もない高齢者が、介護老人保健施設（以下、老健）に入所するケースも目立っています。これは、早期から老健でのリハビリ等を進めることにより、ADL等の低下を防ぐことが重視されているからです。

　ただし、持病の状態が不安定であることが多いため、**医療機関内のさまざまな部門との連携や、施設内での一定の医療処置を想定したケアがますます重要**になります。こうした一連の対応強化を進める改定が目立ちます。

初期加算では空床情報の共有・連携などを重視

　まず、急性期から間もない利用者を円滑に老健へと入所させることを目的として、老健側では「初期加算」に、平時からの医療機関側との連携を重視した新区分が設けられました。

　もともと老健の「初期加算」は、入所から30日以内で「1日30単位」が算定されます。この従来要件を区分Ⅱ（単位は変わらず）としたうえで、上乗せ要件を設けた区分Ⅰ（1日60単位）が誕生しました。

　その上乗せ要件とは、以下のとおりです。

①老健の空床状況について、地域医療情報連携ネットワーク等を通じ、地域の医療機関と定期的に情報を共有していること

②老健の空床状況について、老健のウェブサイトに定期的に公表すること

③急性期医療を担う複数の医療機関の入退院支援部門に対し、老健から定

「退院→入所」の流れの中での各種評価の見直し

改定前

初期加算

利用者の「退院→入所」から30日以内

改定後

初期加算Ⅱ（改定前の初期加算）

1日30単位

初期加算Ⅰ（新区分）

1日60単位

初期加算Ⅰの上乗せ要件

空床情報について地域の医療機関と共有（平時からの取組み）

①地域医療情報ネット等を活用

②自施設のサイトで公表

③複数の医療機関の入退院支援部門と連携

これにより、急性期から早期の老健移行の円滑化が期待される

ポリファーマシー（多剤投与）の入所者をどうする？
➡処方されている内服薬が6種類以上

改定前

かかりつけ医連携薬剤調整加算Ⅰ

1回100単位

要件

入所後1カ月以内に実施

①入所前の主治医に、処方の内容変更の可能性を説明し合意を得る

　→主治医の合意が得られず算定できないケースも

②処方内容に変更がある場合、変更の経緯・変更後の状態について、主治医に情報提供 など

改定後

・施設で処方薬の評価・調整を実施→Ⅰのロ（1回70単位）

・主治医と合意が得られた場合→Ⅰのイ（1回140単位）

期的に情報提供を行なっていること

つまり、**空床情報を提供するだけでなく**、**医療機関側での退院調整の機能と連携していくことが求められている**わけです。

施設側でのポリファーマシーの調整を評価

退院間もない時期から、早期の在宅復帰に向けた老健でのケアを進める中で、大きなテーマの１つとなるのが「薬剤調整」です。つまり、ポリファーマシー（多剤投与）の状態を調整することです。

こうした老健側の取組みについては、６種類以上の内服薬が処方されている利用者を対象に、入所前の主治医と連携しながら減薬を目指す「かかりつけ医連携薬剤調整加算」があります。2021年度改定では、減薬のアウトカムを評価する区分も設けられました。

ただし、入所前の主治医との連携や合意が取りにくいことが、課題となっていました。そこで、**施設側の医師や看護師などの多職種で内服薬の評価・調整を行なった場合の区分が設けられました。**

そのうえで、入所前の主治医と連携した評価・調整が行なわれた場合に、単位を上乗せするというしくみになりました。

「所定疾患施設療養費」に慢性心不全を追加

急性期から間もない利用者となると、老健内での投薬、検査、注射、処置等を行なうことが増えます。そうした老健側の対処を評価したのが、「所定疾患施設療養費（Ⅰ…１日239単位、Ⅱ…１日480単位）」です。

Ⅰ・Ⅱともに診療録等への記載や実績公表などが要件で、Ⅱは老健内の医師が感染症対策の研修を受けていることがプラスされています。

ただし、算定のためには、肺炎や尿路感染症など利用者側の疾患が限定されます。今改定では、これらに「慢性心不全の憎悪」が追加されました。

さらに、看取り期にある入所者へのケアを評価するためのターミナルケア加算について、「施設内で亡くなるケース」の増加を考慮して「死亡日・死亡前日・前々日」の評価を手厚くする改定も行なわれています。

「重度者」の受入れに際しての各種評価の見直し

ケース① 施設内での一定の処置が必要な場合
（投薬、検査、注射、処置など）

所定疾患施設療養費

診療録への記録や実施状況の公表などを要件とする

Ⅰ…1日239単位　Ⅱ…1日480単位

対象となる病態

肺炎、尿路感染症、帯状疱疹、蜂窩織炎、慢性心不全の憎悪（改定後に追加）

ケース② 看取り期の利用者への対応
（ターミナルケア加算）

	改定前	改定後
死亡日45日前～31日前	1日80単位	1日72単位
死亡日30日前～4日前	1日160単位	変わりなし
死亡日前々日・前日	1日820単位	1日910単位
死亡日	1日1,650単位	1日1,900単位

死亡直前のケアの評価を手厚くした

ターミナルケア加算の対象者・要件（改定前と変わりなし）

・医師が一般的に認められている医学的知見にもとづき、「回復の見込みがない」と診断した者であること

・入所者・家族等の同意を得て、対象者のターミナルケアに係る計画が作成されていること。計画作成にあたり、本人の意思を尊重した医療・ケアの方針決定に対する支援に努めること

・医師、看護師、介護職員、支援相談員、管理栄養士等が共同して、入所者の状態や家族の求めなどに応じ、随時本人・家族への説明を行い、同意を得てターミナルケアが行なわれていること。（「人生の最終段階における医療・ケアの決定プロセスに関するガイドライン」等の内容に沿うことが必要）

介護老人保健施設 ［その2］

在宅復帰・在宅療養支援指標の見直し 短期集中リハにも力点

**改正の
ポイント**

☑ 指標の見直しでは入退所前後の訪問指導等を重視
☑ 認知症短期集中リハでは居宅等訪問要件の新区分

社会福祉士配置を評価する見直し

　介護老人保健施設（以下、老健）は、在宅復帰・在宅療養支援機能に係る指標にもとづき、適用される報酬が5つの類型に分かれています。

　老健の収益を左右する指標について、一部見直しが行なわれました。見直し点は大きく分けると2つあります。

　①「入所前後」また「退所前後」の各訪問指導割合のハードル引上げ

　②「支援相談員の配置割合」について、社会福祉士の配置を評価

　いずれも、**在宅復帰・在宅療養支援機能が高い施設で、力を入れている傾向の高さが認められるポイント**です。

　なお、この部分の改定については、6カ月の経過措置が設けられます。

短期集中リハ実施加算ではADL評価重視

　老健の今改定では、「短期集中」というキーワードが注目されます。

　1つは「短期集中リハビリテーション実施加算」、2つめは「認知症短期集中リハビリテーション実施加算」です。

　まず「短期集中リハビリテーション実施加算」ですが、もともと**「入所日から3カ月間の集中的なリハビリ」**を評価したものです。ここに、①1カ月に1回以上のADL等の評価や、②そのデータのLIFE提供を要件とした新区分が設けられました。単位は「1日240単位→1日258単位」に引き上げられます。

　逆に、現行要件だけでは「1日200単位」へと大幅に引き下げられます。

在宅復帰・在宅療養支援機能の指標の見直し点

入所前後訪問指導割合＆退所前後訪問指導割合

・10得点：30％以上→35％以上
・5得点：10％以上→15％以上

・0得点：10％未満→15％未満

参考 認知症短期集中リハ実施加算（退所予定先への訪問を重視）

改定前 ➡ 改定後

1日240単位

区分Ⅱ 1日120単位
区分Ⅰ 1日240単位

［要件］利用者の退所予定先に訪問し、生活環境を把握し、リハ計画に活かす

支援相談員の配置割合

・5得点「3人以上」
➡ ＋社会福祉士の配置あり（「社会福祉士の配置なし」の場合は3得点に）

・3得点→1得点
　2人以上（要件変わらず）
・0得点（得点変わらず）
　2人未満（要件変わらず）

退所先への訪問を要件とした認知症短期集中リハ

　もう1つの「認知症短期集中リハビリテーション実施加算」は、現行要件の「PT・OT・STの適正配置」に、以下の要件がプラスされました。

　それは、「利用者が退所後に生活する場（居宅や施設など）に訪問し、その生活環境を踏まえたリハビリ計画を作成していること」です。

　これは、**先の在宅復帰・在宅療養支援機能の指標見直しで、「退所前後訪問」が重視された**という流れにも共通するものです。

　老健におけるその他の見直しポイントとしては、報酬体系の簡素化という観点から「算定率の低い加算」が2つ廃止されています。1つは「認知症情報提供加算」、もう1つは「地域連携診療計画情報提供加算」です。

　さらに、生産性向上の一環として、特養ホーム（2021年度改定）などと同様、一定要件を満たした場合の夜間の人員配置基準が緩和されました。

介護医療院

2024年3月末で介護療養病床廃止 受け皿となる介護医療院の改定は？

改正の ポイント

☑ 療養病床廃止にともない**長期療養生活移行加算も廃止**
☑ 入所者全員に対する「**意思決定尊重**」の取組み

介護療養病床廃止を受けた介護医療院の改定

たびたび延長されてきた介護療養病床の廃止ですが、いよいよ2024年3月末をもって実施されました。今後は、2018年度に新設された「介護医療院」や「療養型老健」が、移行先の受け皿となります。

その1つの「介護医療院」ですが、基本報酬は1％近い引上げとなりました。最新の介護事業経営実態調査で、他の施設系サービスと同様に、**物価高騰などで収支の厳しさが明らかになったことが背景**にあります。

一方で、廃止となった加算もあります。それが、「長期療養生活移行加算」です。これは、「療養病床に1年以上入院していた患者であること」などを要件とし、介護療養病床の利用者を受け入れることを目的としていました。

先に述べたように、前提となる介護療養病床が廃止されたことにともない、加算の意義がなくなったために廃止となったわけです。

原則全利用者に「人生の最終段階」の取組みへ

介護医療院の利用者の多くは、一定の医療処置などが必要で、容態が急に変わるといったリスクも高い状況にあります。

そのため、すべての利用者が人生の最終段階にあるという前提のもと、**終末期において「どのような医療・ケアを受けたいか」という意思決定の徹底を図ること**が求められます。

そこで、今改定では、原則すべての入所者に対してのサービス計画作成

終末期対応を意識した介護医療院の運営基準見直し

①医師が医学的知見に基づき回復の見込みがないと診断

②入所者・家族の同意を得て、ターミナルケア計画を作成

③多職種が共同して、入所者の状態・家族の求め等に応じ、入所者・家族に説明、同意を得てターミナルケアを実施

改定前

これらの取組みにおいて、入所者本人・家族等と話し合い、本人の意思決定を基本に、他の関係者との連携のうえで対応する

改定後

施設サービスの計画の作成や提供にあたり、入所者の意思を尊重した医療及びケアが実施できるよう、入所者本人の意思決定を基本に、他の関係者との連携のうえ対応する

ターミナル期以外でも、原則としてすべての利用者を対象に「人生の最終段階における医療・ケアの決定プロセスに関するガイドライン」に沿った取組みを求めることに

やケアの提供に際して、「人生の最終段階における医療・ケアの決定プロセスに関するガイドライン」に沿った取組みを求めることになりました。

　同ガイドラインに沿った取組みは、他サービスでも看取り期のケアで義務づけられています。介護医療院でも、これまではターミナルケアに際しての規定がありましたが、これを「すべての入所者」に広げたわけです。

　特に重要なのは、本人・家族の意思決定をどのように支援するかという点。また、本人等の意思は常に揺れ動くものであるという前提に立って、取組みを更新していくという点にあります。

訪問リハビリの「みなし指定」に介護医療院を追加

　その他の見直しとしては、介護医療院で訪問リハビリテーションを運営する場合に、「みなし指定」が可能になったことです。この場合の「みなし指定」とは、介護医療院の開設許可が得られた場合に、同時に訪問リハビリテーション事業所の指定があったものと「みなす」ことを意味します。

　これまで、訪問リハビリの「みなし指定」の対象は、病院・診療所だけでした。しかし、**地域によって訪問リハビリの事業所数が足りない状況がある**ため、この改定が行なわれたという位置づけです。

施設系・居住系・小多機系・短期入所系サービス

生産性向上に向け新「基準＋加算」現場風土を一新させる大改革

**改正の
ポイント**

- ☑ 現場の生産性向上のための委員会設置を義務化
- ☑ 生産性向上のさらなる取組みを評価した新加算

介護現場に提唱される「生産性の向上」

少子高齢化により、わが国の労働力人口は今後さらに減少をたどることが予想されます。介護現場も同様です。もっとも、**現状でも人員不足が問題なうえに、高齢化で利用者が増え続けるとなれば事態はより深刻**です。

そこで、介護現場に向けて提唱されているのが「生産性の向上」です。

介護に「生産性」という言葉がなじむのかという議論はあります。そうした議論はさておき、要するに「限られた人員」でも、現場の業務負担を軽減しつつ、ケアの質を維持・向上させる——そのためにはどうすればいいのかという道筋が、生産性の向上という考え方です。

これまで、国は「介護現場の生産性向上」に向け、ガイドラインの策定などに取り組んできました。生産性向上のためのツールとなる介護ロボットやICTの導入を支援する事業も展開しています。

そして、いよいよ**介護報酬・基準において、生産性向上に向けたインセンティブが誕生**しました。それが、今回の2024年度改定です。

運営基準を土台に、加算でさらなる取組みを設定

新たな報酬・基準上の構造としては、①運営基準上で生産性向上に向けた取組みを義務化し、②その土台の上に確実な成果を得るための上乗せ的な取組みを加算で評価するという具合になっています。

いずれも、まず対象となったのは施設系、居住系、小多機系、短期入所系の各サービスです。ただし、この後で述べるように、新たな処遇改善加

介護報酬・運営基準で「生産性向上」のインセンティブを図る

対象サービスは、施設系・居住系・小多機系・短期入所系

STEP 1

運営基準（2027年3月末までの経過措置あり）

①現場業務における課題を抽出し、その分析を行なう

②利用者の安全ならびに介護サービスの質の確保、職員の負担軽減に資する方策を検討するための委員会を設置

STEP 2

新加算　生産性向上推進体制加算　Ⅰ…月100単位　Ⅱ…月10単位

Ⅱの算定要件

（1）STEP1の②の基準を満たしていること
　→経過措置中は「努力義務」なので

（2）「必要な安全対策」を講じること
　→130ページの「人員配置基準の緩和」を参照

（3）厚労省の「生産性向上ガイドライン」に基づいた改善活動を継続的に行なっていること

（4）見守り機器等のテクノロジーを1つ以上導入

（5）1年に1回、業務改善の取組みによる効果を示すデータの提供（オンライン）を行なうこと

〈1〉見守り機器、〈2〉インカム等の職員間の連絡調整に資するICT機器、〈3〉介護記録ソフトウェアやスマホ等の介護記録の作成の効率化に資するICT機器（データの入力から記録・保存・活用までを一体的に支援するものに限る）。加算Ⅰの場合は〈1〉～〈3〉をすべて導入（〈1〉は全居室に、〈2〉は全従事者が装着）

Ⅰの算定要件

Ⅱの算定要件に下記を上乗せする

（6）職員間の適切な役割分担（いわゆる介護助手の活用等）の取組み等を行なっていること

（7）（5）のデータで業務改善の取組みによる成果が確認されていること（いわゆるアウトカム評価）

算の重点要件でも「生産性向上に向けた取組み」が設定されています。その点では、**実質的に居宅系サービスも視野に入っている**といえます。

　まず新たな基準ですが、「現場の生産性を向上させる」という観点から、以下の取組みが義務づけられます。

（1）現場業務における課題を抽出し、その分析を行なうこと

（2）利用者の安全ならびに介護サービスの質の確保、職員の負担軽減に資する方策を検討するための委員会を設置すること

この基準については、**2021年度のBCP策定の義務化等と同様に、3年間の経過措置が設けられ、2027年度から「完全義務化」**となります。2027年度には、未実施の場合に減算規定などの適用も予想されます。

テクノロジー導入等での業務改革を求めた新加算

　この新基準を土台として、上乗せ的な取組みを評価する加算も誕生しました。それが「生産性向上推進体制加算」です。

　Ⅰ・Ⅱ区分から構成され、Ⅰが月100単位、Ⅱが月10単位。**対象となるのは、やはり施設系・居住系・小多機系・短期入所系**です。

　Ⅰは「Ⅱの要件」を満たしたうえで、さらなる要件が上乗せされるしくみです。ベースとなる「Ⅱの要件」は以下とおりです。

〈1〉新たな運営基準に定められた委員会を開催していること（2027年3月末までは「努力義務」なので、今の時点では要件として設定）

〈2〉その他の必要な「安全対策」を実施していること（2021年度の特養ホームの夜間配置基準の緩和の条件として設定されているもの）

〈3〉「生産性向上ガイドライン」にもとづく取組みを継続的に行なうこと

〈4〉見守り機器等のテクノロジーを1つ以上導入していること

〈5〉1年に1回以上、業務改善の取組みの効果を示すデータをオンラインで提供していること──という具合です（Ⅰ独自の要件は図参照）。

高単位のⅠでは業務改革の「成果」を求める

　注目したいのは、〈5〉の取組みの効果を示すデータです。これについては、前ページの図に示したとおり5項目あります。加算Ⅰはすべてのデータが必要ですが、Ⅱについては、このうちの3つのデータが対象です。

　これを見ると、一定の指標を用いた調査やタイムスタディ調査などが必要です。これを誰が担うのか、担当者が指標等についてきちんと理解できているかなどが問われます。

　そのうえで心得たいのが、加算Ⅰの独自要件です。そこでは、〈5〉のデータで「業務改善の成果」が確認されていることを求めています。要するに、**アウトカム（結果）が要件に設定されている**わけです。

　加算ⅠとⅡでは、単位数に10倍もの開きがありますが、大きくはこの「ア

「生産性向上推進体制加算」で提出が求められるデータ

今後、一部変更される可能性もあるので注意

①利用者のQOL等の変化（WHO-5等）

②総業務時間・超過勤務時間の変化

③年次有給休暇の取得状況の変化

④従事者の心理的負担等の変化（SRS-18等）

⑤テクノロジー機器の導入による業務時間（直接介護、間接業務、休憩等）の変化（タイムスタディ調査）

※加算Ⅱの提出データは、①〜③のみでOK

「最近2週間の利用者の状態」について5項目（例. 明るく楽しい気分で過ごした、など）で質問し、それぞれ6段階で評価する指標（精神的健康状態表）

※5名程度の利用者を選定して調査を実施

心理的ストレスの状態について18項目（例. 怒りっぽくなる、悲しい気分だ、など）で質問し、それぞれ4段階（「まったく違う」から「その通りだ」まで）で評価する指標（心理的ストレス反応測定尺度）

※調査対象となる職員の同意を得ることが必要

加算Ⅰのアウトカム例

以下の場合に「成果」が上がっていると判断される

①の指標が「維持・向上」（ケアの質が確保されている）

②の指標が「短縮」、③の指標が「維持・向上」（職員の業務負担が軽減されている）

ウトカム」要件の有無による差といえます。

新処遇改善加算でも生産性向上の取組みを要求

　ちなみに、先に述べたように新しい処遇改善加算（第1章の42ページ参照）でも、「生産性向上の取組み」が重要要件となっています。

　具体的には、**全区分で適用される職場環境等要件**で、その1つに「**生産性向上の取組み**」区分があります。しかも、他の職場環境等要件よりも適合を求める項目の数が多く、必須要件まで定められています（なお、新しい職場環境等要件については、2025年3月末まで適用が猶予されます）。

　その中には、この項で述べた新基準や新加算（生産性向上推進体制加算）の要件に該当するものも含まれます。1年の猶予はあるものの「生産性向上推進体制加算は、自事業所には関係ない」とはいっていられません。

人員配置基準等の緩和

生産性向上による人員基準等緩和
外国人人材の配置基準も見直し

**改正の
ポイント**

☑ テクノロジー活用などの「生産性向上」が条件の緩和策
☑ EPAなどで就労6カ月未満でも配置基準適用の道を開く

人員基準等の緩和が進む

　生産性向上の取組みを義務化したり、新たな報酬上の評価を設けたりすることに加え、人員基準等の緩和に適用する動きも加速しています。

　具体的な方法としては、①人員配置基準の緩和を図るもの、②夜間等の手厚い人員配置を評価する加算での「上乗せ人員」の要件を緩和するものの2つがあります。いずれも、介護老人福祉施設（特養ホーム）や短期入所生活介護では2018・2021年度改定において、すでに適用されています。

　そして2024年度改定でこの特養ホームの緩和策に準じたのが、①であれば介護老人保健施設（以下、老健）、②であれば認知症GHです。

老健の夜間における人員配置基準の緩和

　①にあたる老健の改定は、**夜間における人員配置基準の緩和**です。具体的には、すべての利用者に見守りセンサーを導入することに加え、夜勤職員全員がインカムなどのICT機器などを使用しているといったような条件を満たした場合に、夜間の人員配置基準が緩和されます。

　老健では、改定前で「2人以上」ですが、ここに緩和策が適用されると「1.6人」になります。

　なお、現行と同様で、利用者等の数が40人以下で、緊急時の連絡体制を常時整備している場合は1人以上でもOKとされています。ただし、特養ホームの場合と同様に、見守り機器などを導入した後に「改定前の基準

老健と認知症GHにおける人員配置の緩和策

〈介護老人保健施設〉夜間の人員配置基準の緩和

	改定前	改定後
配置人員数	2人以上 利用者等の数が40以下で、緊急時の連絡体制を常時整備している場合は1人以上	1.6人以上 利用者等の数が40以下で、緊急時の連絡体制を常時整備している場合は1人以上

基準緩和適用の要件
・すべての利用者に見守りセンサーを導入　・「安全体制」を確保していること
・夜勤職員全員がインカムなどのICTを使用

安全体制確保の具体的要件
①利用者の安全、介護サービスの質の確保、職員の負担軽減に資する方策を検討する委員会を設置
②職員に対する十分な休憩時間の確保などの勤務・雇用条件への配慮
③緊急時の体制整備（近隣在住職員を中心とした緊急参集要員の確保など）
④機器の不具合の定期チェックの実施
⑤職員に対するテクノロジー活用に関する教育の実施
⑥夜間の訪室が必要な利用者に対する訪室の個別実施

〈認知症GH〉夜間支援体制加算の要件緩和

	現行要件	新設要件
夜勤職員の最低基準（1ユニット1人）への加配人数	事業所ごとに常勤換算方法で1人以上の夜勤職員または宿直職員を加配すること	事業所ごとに常勤換算方法で0.9人以上の夜勤職員を加配すること
見守り機器の利用者に対する導入割合	－	10%
その他の要件	－	利用者の安全並びに介護サービスの質の確保および職員の負担軽減に資する方策を検討するための委員会を設置し、必要な検討などが行なわれていること

「安全体制確保の具体的要件」の①に該当する

131

（２人以上のまま）」で３カ月以上試行することが必要です。

認知症GHの夜間支援体制加算の要件緩和

②にあたる認知症GHの改定ですが、緩和の対象は「夜間支援体制加算（Ⅰ・Ⅱともに）」です。加算Ⅰは１ユニットの場合が対象で、１日50単位、加算Ⅱは２ユニットの場合で１日25単位となっています。

改定後の単位数は変わりませんが、要件となる「配置基準からの上乗せ人員」に新たな枠が設けられました。

改定前の上乗せ（加配）の要件は、「事業所ごとに常勤換算で１人以上の夜勤職員または宿直職員がプラスされること」です。

ここに加えられたのが、利用者への見守りセンサーの導入などを行なった場合に、加配人員を「夜勤職員0.9人以上」とすることです。

注意したいのは、要件には「見守りセンサーの導入」だけでなく、前項の「生産性向上に向けた取組み基準」の一部が含まれていることです。つまり、「３年の経過措置を待たずに、運営基準の適用をうながす」という生産性向上の推進という狙いが、ここにはあるわけです。なお、これは老健の夜間の人員配置基準の緩和においても同様です。

生産性向上に向けた新運営基準を反映

この「生産性向上に向けた取組み基準」の一部ですが、改めて確認すると以下のようになります。例えば、認知症GHの夜間支援体制加算において、「利用者の安全、ならびに介護サービスの質の確保、および職員の負担軽減に資する方策を検討するための委員会を設置し、必要な検討等を行なっていること」となります。

一方、老健の夜間の人員配置基準の緩和ですが、ここでは「安全体制の確保」として６項目の条件が示されています（2021年度改定時の特養ホームにおける夜間の人員配置基準の緩和と同様）。

そのうちの１つが、先述の「委員会開催」です。その他には、「職員に対する十分な休憩時間の確保など、勤務・雇用条件への配慮」、「緊急時の体制整備（近隣に在住する職員を中心に、緊急時に参集できる要員の確保等）」などが示されています。

特定施設における人員配置基準の特例的な柔軟化

	改定前	改定後
利用者	3 （要支援の場合は10）	3 （要支援の場合は10）
介護職員 （＋看護職員）	1	0.9

「特例」を受けるための要件

改定前の人員基準を満たした状態で、以下の取組みを3カ月間試行的に実施

〈要件1〉 利用者の安全、介護サービスの質の確保、職員の負担軽減に資する方策
を検討するための委員会を開催し、必要な安全対策の検討などを実施

131ページ図の「安全体制確保の具体的要件」の②〜⑥に該当する

〈要件2〉 以下の見守り機器などのテクノロジーをすべて活用

①見守り機器→すべての利用者の居室に設置（利用者・家族の意向により
り運用を停止することは構わない）

②インカムなどのICT機器→すべての従事者が装着

③介護記録ソフトウェアやスマホなど、介護記録の作成の効率化に資
するICT機器→データの入力から記録・保存・活用までを一体的に支
援するもの

〈要件3〉 職員間の適切な役割分担の取組みなどをしていること
→いわゆる介護助手の活用など

〈要件4〉 要件1〜3の取組みにより「介護サービスの質の確保」「職員の負担軽
減」の成果が上がっていることがデータにより確認されること

❶介護職員の総業務時間中の「利用者のケア」に充てる割合が増加

❷利用者の満足度などに係る指標（WHO-5など）で悪化が見られない

❸介護職員の総業務時間・超過勤務時間が短縮

❹介護職員の心理的負担などに係る指標（SRS-18など）で悪化が見られ
ない

特定施設における人員配置の特例枠

もう1つが、特定施設入居者生活介護（以下、特定施設）における人員配置基準の見直しです。こちらは、「夜間」などの特定の状況ではなく、日中を通した配置基準が対象です。

全体として「緩和」するのではなく、一定の条件を満たした場合の「特例的な基準を新設する」という位置づけになっています。

その特例ですが、改定前で「要介護の利用者3人に対して介護・看護職員1人」に対し、新設基準では「介護・看護職員0.9人」となります。要支援の利用者の場合は10人に対して1人です。

この新設基準の要件は、先の老健や認知症GHでの緩和策の要件をベースとしつつ、**実際に「サービスの質の確保」や「職員の負担軽減」といった成果が、データ上で確認されていることが必要**です。生産性向上推進体制加算Iの要件に準じたことになります。詳細は133ページの図を参照してください。

外国人人材の人員配置基準への算入緩和

人員配置基準についてのもう1つの見直しが、外国人介護人材に係る規定です。

外国人介護人材の受入れ枠にはいろいろなものがありますが、今回の改正においてその対象となるのは「EPAによる介護福祉士候補」と「技能実習生」です。

この両者については、日本語能力試験N1・N2の合格者以外は、就労開始から6カ月未満は人員配置基準に算入することはできません。ただし、N1・N2の合否にかかわらず、日本語能力やケアの習熟度に個人差があることが報告されています。

そこで、今改定ではN1・N2に合格していなくても、**現場の管理者や研修担当者の意見を勘案しながら、受入れ施設側の判断で人員配置基準への算入を可能**としました。

外国人介護人材の人員基準算入の緩和

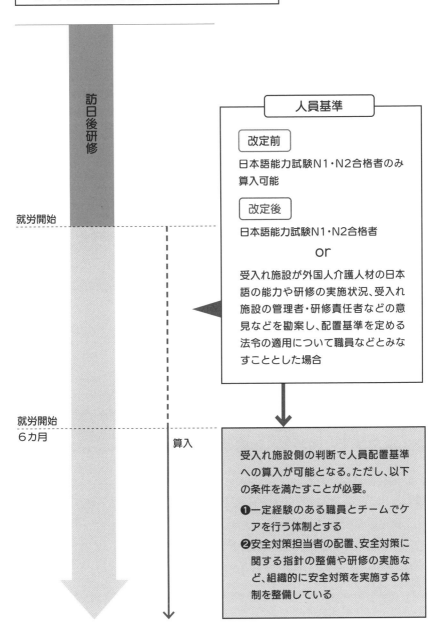

EPA介護福祉士候補と技能実習生について

訪日後研修

就労開始

就労開始
6カ月

算入

人員基準

改定前

日本語能力試験N1・N2合格者のみ算入可能

改定後

日本語能力試験N1・N2合格者

or

受入れ施設が外国人介護人材の日本語の能力や研修の実施状況、受入れ施設の管理者・研修責任者などの意見などを勘案し、配置基準を定める法令の適用について職員などとみなすこととした場合

受入れ施設側の判断で人員配置基準への算入が可能となる。ただし、以下の条件を満たすことが必要。

❶一定経験のある職員とチームでケアを行う体制とする

❷安全対策担当者の配置、安全対策に関する指針の整備や研修の実施など、組織的に安全対策を実施する体制を整備している

施設系・居住系サービス

協力医療機関をめぐる規定強化
平時からの連携を評価する新加算

**改正の
ポイント**

☑ 施設系で協力医療機関の「定義」や「連携規定」が厳正化
☑ 協力医療機関との定期的な会議を評価した新加算

協力医療機関をめぐって新たな基準を設定

　施設系や居住系サービスでは、入所者・入居者（以下、利用者）の高齢化にともない、持病の悪化などによる容態急変リスクが高まっています。

　そうした時代において、ますます重要になるのが**協力医療機関との連携**です。

　今改定では、この協力医療機関について新たな基準が設けられました。その内容は大きく分けて３つあります。

①連携する協力医療機関の「要件」が明確に定められたこと

②協力医療機関との間の具体的な連携内容を定めたこと

③協力医療機関に利用者が入院した後の対応を定めたこと

　なお、①については、居住系は努力義務に、施設系は義務になりますが、**2027年3月末までの経過措置**が設けられています。

協力医療機関が満たすべき要件

　①の詳細は以下のとおりです。

❶利用者の病状が急変した場合に、医師または看護職員が相談対応を行なう体制を常時確保していること

❷施設などからの求めで、診療を行なう体制を常に確保していること

❸❶のケースで、施設の配置医または協力医療機関、その他の医療機関の医師が診療を行ない、入院を要すると認められた利用者の入院を原則として受け入れる体制を確保していること（❸は施設系のみ）

協力医療機関をめぐっての運営基準上の定め

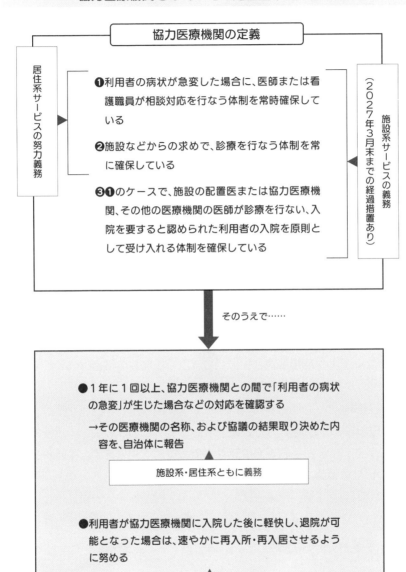

協力医療機関の定義

居住系サービスの努力義務

❶利用者の病状が急変した場合に、医師または看護職員が相談対応を行なう体制を常時確保している

❷施設などからの求めで、診療を行なう体制を常に確保している

❸❶のケースで、施設の配置医または協力医療機関、その他の医療機関の医師が診療を行ない、入院を要すると認められた利用者の入院を原則として受け入れる体制を確保している

施設系サービスの義務（2027年3月末までの経過措置あり）

そのうえで……

●1年に1回以上、協力医療機関との間で「利用者の病状の急変」が生じた場合などの対応を確認する

→その医療機関の名称、および協議の結果取り決めた内容を、自治体に報告

施設系・居住系ともに義務

●利用者が協力医療機関に入院した後に軽快し、退院が可能となった場合は、速やかに再入所・再入居させるように努める

施設系・居住系ともに努力義務

なお、義務化された施設系については、**❶〜❸を１つの医療機関がすべて満たさなくても、複数の医療機関をもって満たせば可**とされます。

連携内容や対応の規定

　②については、１年に１回以上、協力医療機関との間で「利用者の病状の急変」が生じた場合などの対応を協議することが必要です。そのうえで、対応を協議した協力医療機関の名称、および取り決めた内容を自治体に報告しなければなりません（取り決め内容等に変更が生じた場合も同様）。これは、施設系・居住系ともに義務づけられます。

　③については、利用者が協力医療機関に入院した後に軽快し、退院が可能となった場合についてです。その際には、速やかに再入所・再入居させるように努める（常に空床を確保するという意味ではない）とされました。こちらは②とは異なり、**努力義務**となっています。

平時からの定期会議を評価する「加算」誕生

　これらの基準上での義務化・努力義務化を土台としたうえで、協力医療機関との定期的な会議を行なった場合を評価する加算も誕生しました。

　それが「協力医療機関連携加算」です。特定施設の場合は、それまでの「医療機関連携加算」からの移行となります。

　会議の要件は、利用者（新規入所者および容態急変リスクが高い人）の現病歴等の情報共有を行なうことです。なお、この際利用者・家族の同意が必要です。つまり、**容態急変時などでの対応を見据えて、平時から利用者についての情報共有を図ることを目的とした加算**といえます。

　なお、協議する協力医療機関が①の基準を満たしているかどうかによって、単位が変わります。また、施設系は①の基準に経過措置が設けられていることから、2025年度からは単位が引き下げられます。

協力医療機関連携加算のしくみ

「協力医療機関連携加算」とは

・協力医療機関との定期的な会議を行なった場合を評価する加算

・容態急変時などでの対応を見据えて、平時から利用者の現病歴等についての情報共有を図ることを目的としている

・特定施設の場合は、それまでの「医療機関連携加算」からの移行となる

〈算定要件〉

❶協力医療機関との間で、利用者の病歴などの情報を共有する会議を定期的に（おおむね月に１回以上）開催している

※オンライン会議でもOK
※デジタル情報で随時情報共有できるしくみがあれば、年３回以上でもOK

❷❶の情報共有に際しては、利用者・家族の同意を得ている

上記の要件を満たした上で、協力医療機関が137ページ図の「定義」を……

※居住系の場合は、❶、❷

満たす

満たさない

月100単位
※施設系の場合は、2025年4月より月50単位

居住系の場合：月40単位
施設系の場合：月５単位

施設系の場合、「協力医療機関の定義」を満たすことが３年の経過措置をもって義務化されたことによる措置

施設系・居住系サービス

高齢者施設などで感染症対応力や新興感染症の体制構築を強化

**改正の
ポイント**

☑ 高齢者施設などの感染症対応力を評価した新加算を設置
☑ 新興感染症発生時の対応について協議を義務化

感染症対策に係る義務も経過措置終了

2021年度改定では、すべてのサービスで感染症対策の取組みが義務化されました。施設系では訓練の実施、その他のサービスではすべてが新たに設定された義務化項目ですが、これらの経過措置は、2024年度で終了しています。

ほかに経過措置が設けられていた**BCP策定**や**高齢者虐待防止への取組み**については、2024年度から**減算規定**が設けられました。一方、感染症対策については、減算規定は設けられず、さらなる取組みを評価する新加算や対医療連携を強化する新基準が設けられています。

感染症対策における対医療連携を加算で評価

新加算は、施設系・居住系を対象とした「高齢者施設等感染対策向上加算」といいます。

2区分あり、Iで月10単位、IIで月5単位です。

高単位のIの算定要件では、協力医療機関との間で、新型コロナウイルス感染症を含む一般的な感染症が発生した際の対応についての取り決めを決めることが求められます。実際に感染症が発生した場合には、その取り決めに沿って適切に対応することになります。

さらに、鳥インフルエンザやSARS、エボラ出血熱といった**将来的な発生が想定される新興感染症**についても、感染症法に規定する第二種協定指定医療機関との間で、やはり発生時などの対応に係る体制を確保している

感染症対策のさらなる向上を評価した加算

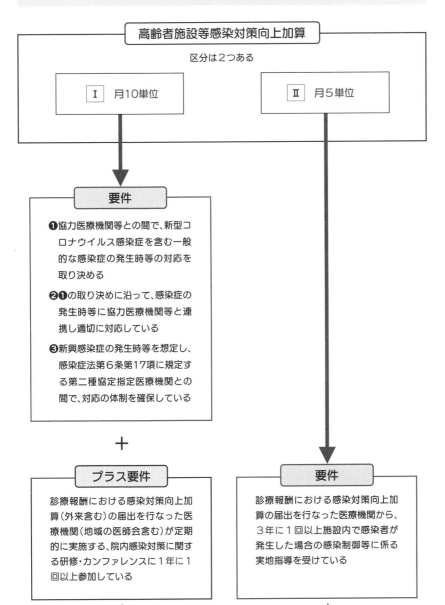

高齢者施設等感染対策向上加算

区分は2つある

| Ⅰ | 月10単位 |

| Ⅱ | 月5単位 |

要件

❶協力医療機関等との間で、新型コロナウイルス感染症を含む一般的な感染症の発生時等の対応を取り決める

❷❶の取り決めに沿って、感染症の発生時等に協力医療機関等と連携し適切に対応している

❸新興感染症の発生時等を想定し、感染症法第6条第17項に規定する第二種協定指定医療機関との間で、対応の体制を確保している

＋

プラス要件

診療報酬における感染対策向上加算（外来含む）の届出を行なった医療機関（地域の医師会含む）が定期的に実施する、院内感染対策に関する研修・カンファレンスに1年に1回以上参加している

要件

診療報酬における感染対策向上加算の届出を行なった医療機関から、3年に1回以上施設内で感染者が発生した場合の感染制御等に係る実地指導を受けている

対応スキルの向上要件

141

ことが求められます。

　なお、2024年3月時点では、厚労省によって指定されている新興感染症はありません。

医療機関の研修参加や実地指導で対応レベル向上

　Ⅰ・Ⅱに共通するのは、**医療機関との連携で、施設などにおける平時からの感染症への対応レベルを向上させる**取組みということです。

　連携する対象は、診療報酬上の感染対策向上加算を算定している医療機関です。

　この医療機関との連携により、Ⅰ・Ⅱそれぞれに以下のような取組みを行なうことが求められています。

　Ⅰ：連携する医療機関が実施する院内感染対策に関する研修やカンファレンスに1年に1回以上参加していること（なお、地域の医師会などが実施するものでもOK）

　Ⅱ：連携する医療機関から、施設内で感染症が発生した場合の感染制御などに関する実地指導を、3年に1回以上受けていること

新興感染症発生時の施設療養を評価する加算も新設

　先に述べたように、「高齢者施設等感染対策向上加算」では新興感染症の発生も想定した体制確保を求めています。

　しかし、いざ新興感染症のパンデミックが発生した際には、医療機関での病床ひっ迫が懸念されます。そうなると、新型コロナウイルス感染症の感染拡大を見てもわかるとおり、施設内での療養を強いられる可能性も出てきます。

　今改定では、こうした**施設内療養のケースを想定した新加算**も設けられました。それが「新興感染症等施設療養費」（1日240単位）です。

　さらに、新興感染症発生時に、協定を締結した医療機関と連携しつつ、対応を取り決めるための基準上の努力義務も定められました。この協定締結医療機関が協力医療機関（136ページ参照）である場合には、上記の取り決めは「義務化」に格上げされます。

「新興感染症」の発生時を想定した基準・加算

新興感染症に備えた平時からの対応 ◀ 新基準による努力義務

利用者に新興感染症が発生した場合に備え、感染者の診療等に迅速に対応できる体制を平時から構築しておくため、以下に努める

❶感染者の診療等を行なう協定締結医療機関と連携すること
❷❶の医療機関との間で新興感染症発生時の対応を取り決める

協力締結先が協力医療機関である場合は新興感染症発生時を想定した協議を「義務化」

↓

新興感染症発生時の病床ひっ迫時などに施設内療養を行なった場合を評価する加算も新設

↓

新興感染症等施設療養費（1日240単位）

入所者等が厚労省の定める感染症に感染した場合に、相談対応、診療、入院調整などを行なう医療機関を確保

感染した入所者等に対し、適切な感染対策を行なったうえで介護サービスを実施

↓

この2つを行なった場合に1月に1回、連続5日を限度として算定

訪問系・短期入所系サービスなど

今改定の大きなテーマは「口腔」
訪問系などの衛生状態の把握も評価

**改正の
ポイント**

☑ 訪問系・短期入所系に「口腔連携強化加算」が誕生
☑ 施設系では定期的な口腔衛生の評価を義務化

訪問系の従事者などが利用者の口腔状況を評価

2024年度改定の大きなテーマの１つが「口腔機能」です。2021年度改定は「栄養」にスポットが当たりましたが、今回は「口腔」です。

特に注目したいのが、訪問系や短期入所系のサービスで、**利用者の口腔の健康状態を評価した場合の加算が誕生**したことです。

新加算は「口腔連携強化加算」といい、月１回50単位が算定されます。

要件は、従事者（訪問介護であればホームヘルパー）が、利用者の口腔の健康状態を評価すること。さらに、その評価した情報を（利用者の同意を得て）歯科医やケアマネジャーに情報提供することが必要です。

事業者は歯科医院と事前の取り決めが必要

なお、この加算を算定するのは、前提となる環境整備が必要です。

それは、**訪問診療の実績がある歯科医師、あるいは、その歯科医師の指示を受けた歯科衛生士に対し、従事者から相談できる体制づくり**です。例えば、利用者の口腔衛生の評価方法について、従事者側から歯科医師・歯科衛生士に相談できるようにしておくことです。

この体制については、相談対応してもらえる歯科医院を確保し、あらかじめ対応などについて文書で取り決めておくことが必要です。

施設系は全利用者の口腔評価を基準で義務化

利用者の口腔衛生の状態を評価するという点で、施設系でも新たなしく

口腔連携強化加算の算定手順

❶訪問診療を行なっている歯科医療機関※と介護側の従事者からの相談に対応するための体制について、文書で取り決めを結んでいること

❷事業所の従事者（ホームヘルパーや訪問看護師）が利用者の口腔の健康状態を評価すること（9項目の評価項目あり）

❸❷の結果について、利用者の同意を得たうえで歯科医療機関や担当ケアマネジャーに情報提供を行なうこと

※口腔・栄養スクリーニング加算に係る口腔スクリーニングを行なっている場合は算定できない

※診療報酬上の「歯科訪問診療料」を算定していること

みが設けられました。それが、利用者の入所時と入所後に、職員または歯科医師・歯科衛生士が口腔衛生の状態を定期でチェックすることです。

　これは加算ではなく、基準上での「義務化」です。

　施設系では、歯科医などによる利用者ごとへの口腔ケアや、その利用者の口腔衛生の管理についての職員への指導などを評価する「口腔衛生管理加算」があります。この加算を算定していれば、ケア対象者を選定するためのスクリーニング実施の頻度も高くなります。一方で、同加算を算定していない場合は、利用者への口腔スクリーニングの実施は低調です。

　そこで、施設系の口腔ケアの土台を整えるため、すべての利用者に対して、定期的に口腔スクリーニングを義務づけたという位置づけです。

　その他では、特定施設入居者生活介護では、108ページですでに述べたように、口腔衛生管理体制加算を廃止し、その要件を一部緩和したうえで運営基準に組み込むことになりました。こうした改定により、**介護現場での口腔衛生の管理の底上げ**が図られたことになります。

施設系サービス

施設系での退所・再入所に係る栄養管理情報の連携を見直し

**改正の
ポイント**

☑ 退所時の栄養情報の提供を評価する新加算
☑ 医療機関からの再入所時の連携加算を見直し

特別食が提供される利用者の情報を共有

　施設系サービスの利用者の中には、持病や摂食嚥下の機能の低下などで、特別な食事（以下、特別食）が提供されていることがあります。

　利用者が入院や在宅復帰などで施設を退所した場合、そうした特別食の情報も確実に共有されることが必要です。しかし、実際は情報共有がうまくいかず、退所後の特別食に係る対応が円滑に進まない場合もあります。これは、利用者の状態に大きなリスクとなります。

新設された「退所時栄養情報連携加算」

　そこで、**施設からの退所時に、その施設から退所先（医療機関や他の施設、在宅など）に向けて、栄養管理に係る情報提供を行なうことを評価する加算**が設けられました。これを、「退所時栄養情報連携加算」といい、1月に1回を限度に70単位が算定されます。

　この加算の対象となるのは、特別食を必要としたり、低栄養状態にあると医師が判断した利用者です。ちなみに、この場合の「特別食」については、厚労省が定める内容（右ページ図参照）であることが必要です。

再入所時の情報連携の評価も要件を見直し

　入院先から退院し、施設に再入所するという逆パターンもあります。

　この場合の「医療機関から再入所先の施設へ」の情報提供については、再入所する施設側が情報を受け取ることを評価する加算があります。それ

利用者が「退所」「再入所」したときの情報連携のしくみ

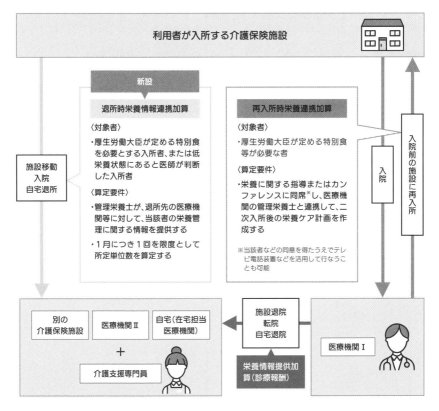

利用者が入所する介護保険施設

新設

退所時栄養情報連携加算

〈対象者〉
・厚生労働大臣が定める特別食を必要とする入所者、または低栄養状態にあると医師が判断した入所者

〈算定要件〉
・管理栄養士が、退所先の医療機関等に対して、当該者の栄養管理に関する情報を提供する
・1月につき1回を限度として所定単位数を算定する

再入所時栄養連携加算

〈対象者〉
・厚生労働大臣が定める特別食等が必要な者

〈算定要件〉
・栄養に関する指導またはカンファレンスに同席※し、医療機関の管理栄養士と連携して、二次入所後の栄養ケア計画を作成する

※当該者などの同意を得たうえでテレビ電話装置などを活用して行なうことも可能

施設移動 入院 自宅退所

入院前の施設に再入所

入院

別の介護保険施設 ｜ 医療機関Ⅱ ｜ 自宅(在宅担当医療機関)

＋

介護支援専門員

施設退院 転院 自宅退所

栄養情報提供加算(診療報酬)

医療機関Ⅰ

「厚労省が定める特別食」とは

疾病治療の直接手段として、医師の発行する食事箋にもとづいて提供された適切な栄養量・内容を有する以下の食事。
腎臓病食、肝臓病食、糖尿病食、胃潰瘍食、貧血食、膵臓病食、脂質異常症食、痛風食、嚥下困難者のための流動食、経管栄養のための濃厚流動食及び特別な場合の検査食(単なる流動食及び軟食を除く)

が「再入所時栄養連携加算」(1回200単位)です。

　この加算について、対象者の要件が一部見直されました。改定前は「入院前後で栄養管理の内容が大きく変わったケース」でしたが、これが「**厚労省が定める特別食などを必要とする者**」に改められました。先の「退所時栄養情報連携加算」の対象者要件と揃えたことになります。

施設系サービス

「リハビリ・機能訓練、口腔、栄養の一体的取組み」を施設系でも加算

**改正の
ポイント**

☑ 既存のリハ系・機能訓練系加算に「一体的取組み」区分
☑ 訪問・通所系リハビリと同様に一体的計画書の見直し

施設系の3つの加算・算定区分における見直し

2024年度改定で、利用者の自立支援・重度化防止に係る重要点に、「**リハビリ・機能訓練、口腔、栄養の一体的取組み**」があります。

通所・訪問リハビリについては、リハビリテーションマネジメント加算の見直しで「一体的取組み」を評価した新区分ができました。この点については、すでに88ページで取り上げたとおりです。

一方、施設系の既存加算でも同様の見直しが行なわれました。ここでいう既存加算とは、リハビリ系・機能訓練系の加算です。

具体的には、①介護老人福祉施設（以下、特養ホーム）であれば「個別機能訓練加算」、②介護老人保健施設（以下、老健）であれば「リハビリテーションマネジメント計画書情報加算」、③介護医療院は「理学療法および作業療法の注7」「言語聴覚療法の注5」となります。

機能訓練、口腔、栄養の各情報の共有を推進

まず①ですが、個別機能訓練加算にⅢの新区分が誕生しました。

この新区分では、「一体的取組み」の前提として「個別機能訓練加算Ⅱ」および「口腔衛生管理加算Ⅱ」、「栄養マネジメント強化加算」を算定していることが必要です（いずれもLIFE対応が要件）。

そのうえで、PT・OT・STのほか、医師や管理栄養士、看護・介護職員の多職種によって、「入所者ごと」の❶個別機能訓練計画の内容などの情報（適切な訓練の実施のために必要な情報含む）、❷口腔の健康状態に

施設系のリハビリ・機能訓練系加算などの新区分

特養ホーム	介護老人保健施設	介護医療院
個別機能訓練加算に新区分Ⅲを新設 →月20単位（既存区分のⅠ・Ⅱは変更なし）	リハビリテーションマネジメント計画情報加算を2区分に →上位区分Ⅰ：月53単位	理学療養・作業療法注7、言語聴覚療法注5の新区分 →月20単位（既存区分は変更なし）

〈要件A〉
口腔衛生管理加算Ⅱ＋栄養マネジメント強化加算を算定していること

〈要件A´〉
理学療法・作業療法注6、または言語聴覚療法注4を算定

〈要件B〉
個別機能訓練加算Ⅱ（LIFE対応要件あり）を算定

〈要件B´〉
入所者ごとのリハビリテーション計画書の内容等の情報をLIFEに提出していること（リハビリ実施の際は、必要に応じてLIFE情報を活用）

〈統一要件〉
1. PT・OT・STおよび医師、管理栄養士、歯科衛生士、看護・介護職員などの多職種が、❶入所者ごとのリハビリ計画の内容等の情報（リハビリの適切・有効な実施のために必要な情報含む）、❷口腔の健康状態に関する情報、❸栄養状態に関する情報を相互に共有する
2. 1の共有情報を踏まえ、必要に応じて個別機能訓練計画・リハビリ計画の見直しを行ない、見直しの内容を関係職種間で共有する

関する情報、❸栄養状態に関する情報を共有することが求められます。

　さらに、❶～❸の情報を共有したうえで、必要に応じて個別機能訓練計画の見直しを行ない、その見直し内容の共有も必要となります。

「一体的計画書」についても様式見直し

　この見直し内容については、②、③も同様です。

　①と異なるのは、②、③の算定要件となるリハビリテーション実施計画書について、新たにLIFEへのデータ提供が求められたこと。そのうえで、計画に沿ったリハビリの実施にあたって、**LIFEに提供した情報などを活用していること**が必要となります。

　なお、通所・訪問リハビリの項でも述べましたが、リハビリ・機能訓練、口腔、栄養に係る一体的計画書について、記載項目が整理され、LIFE提出項目を含めた様式に見直されました。これにより、多職種が共通した課題を抽出し、共通目標を設定しやすくなりました。

通所系・施設系・居住系サービス

科学的介護推進体制加算などで
LIFE情報提供の頻度を見直し

**改正の
ポイント**

☑ LIFEへの情報提供サイクルを揃えるための見直し
☑ 対象は科学的介護推進体制加算や自立支援促進加算

加算により異なる情報提供タイミングを揃えた

　2021年度の大きな改定といえば、やはりLIFEとの情報連携を要件とした新加算や既存加算の新区分が数多く誕生したことでしょう。

　課題は、各加算要件においてLIFEへの情報提供のタイミングが異なることです。例えば、最も多くのサービスが対象となる科学的介護推進体制加算は「6カ月に1回」。これに対し、通所系の栄養アセスメント加算やリハ系のリハビリテーションマネジメント加算は「3カ月に1回」です。

　今後、フィードバック表を事業所での活用や利用者の閲覧に供していくうえで、複数情報の統合の質を高めることは必須です。そこで、**すべてのLIFEへの提供タイミングを「3カ月に1回」に揃える**ことになりました。

「6カ月に1回→3カ月に1回」は3加算

　LIFE提供へのタイミングを「3カ月に1回」に揃えることで、情報提供の頻度が高まるのは、①科学的介護推進体制加算（通所系・施設系・居住系）と②自立支援促進加算（施設系）、③排せつ支援加算（152ページ参照）です。

　ただし、サービス提供が開始された利用者については、1回目のLIFEへの情報提供を、①〜③以外の加算における情報提供のタイミングに揃えることが可能です。つまり、**それまでLIFEへの最初の情報提供については一定の猶予期間が設けられる**ことになります。

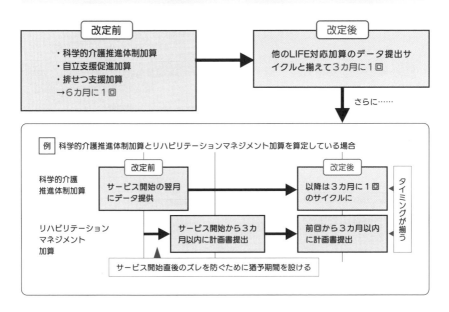

複数の加算で共通する項目の選択肢を統一

　なお、利用者が複数のLIFE対応加算を取得している場合、LIFEへの情報提供に際して「共通しているのに入力項目が異なる」ケースがあります。そうしたケースでの入力作業の煩雑さを防ぐため、**複数の加算で共通する項目の選択肢を統一**することになりました。

　情報提供のタイミングを揃えるために、①～③の加算などは入力作業の頻度が上がることになります。そうした手間を少しでも軽減するための様式の見直しも図られたことになります。

　その他、フィードバックについて、現場で活用しやすいような様式の見直しも予定されています。国は現在、介護情報の利活用のしくみの見直しを進めていて、将来的には利用者にかかわる複数の機関（医療機関など含む）でのデータ活用も想定されています。利用者自身が、自分のフィードバック情報を閲覧できるしくみも検討されています。

　そうした状況を考えたとき、すべての関係者が見やすく・活用しやすいフィードバックのあり方が求められることになります。

施設系サービス、看護小規模多機能型居宅介護など

アウトカム評価の３つの加算
評価ポイントなどが見直しへ

**改正の
ポイント**

☑ 排せつ支援加算では尿道カテーテル抜去も評価

☑ 褥瘡マネジメント加算では褥瘡の治癒も評価

排せつ支援加算でアウトカム（成果）をプラス

介護給付サービスでは、改定前のアウトカム評価の加算（結果を評価する加算）は４つあります。①排せつ支援加算、②褥瘡マネジメント加算、③ADL維持等加算、④かかりつけ医連携薬剤調整加算です。

2024年度改定では、このうちの①〜③の加算について、アウトカムの評価のあり方などが見直されました。

まず、「排せつ支援加算」ですが、これは「排せつに介護を要する利用者」を対象に、要介護状態の軽減への取組みとその結果を評価したものです。

区分は３つあり、Ⅰが取組み自体を評価した区分で、Ⅱ・Ⅲはその取組みの成果の評価（**アウトカム評価**）がプラスされます。

大きな見直し点は、Ⅱ・Ⅲのアウトカムの定義です。

改定前は、施設入所時との比較で、❶排便・排尿の少なくとも一方が改善もしくは悪化していないこと、❷「おむつ使用→おむつ無し」に改善していることが問われました。Ⅱは❶or❷、Ⅲは❶＋❷で評価されます。

今改定は、ここに❸として「**尿道カテーテルが留置されていた者について、それが抜去されたこと**」が加わりました。

評価の体系としては、Ⅱは❶or❷or❸、Ⅲは❶or❸＋❷となります。

褥瘡マネジメント加算では「褥瘡あり」も対象になる

次に変わったのが、「褥瘡マネジメント加算」です。これは入所時に「褥瘡の発生リスクがある」と評価された利用者に対して、そのリスク軽減に

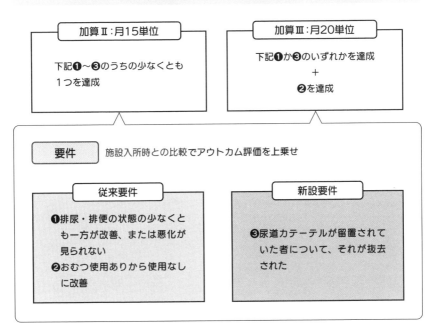

「排せつ支援加算」の要件見直しのポイント

加算Ⅱ：月15単位

下記❶〜❸のうちの少なくとも1つを達成

加算Ⅲ：月20単位

下記❶か❸のいずれかを達成
＋
❷を達成

要件　施設入所時との比較でアウトカム評価を上乗せ

従来要件

❶排尿・排便の状態の少なくとも一方が改善、または悪化が見られない
❷おむつ使用ありから使用なしに改善

新設要件

❸尿道カテーテルが留置されていた者について、それが抜去された

向けた褥瘡ケア計画の作成・実践といった取組みと、その結果を評価したものです。なお、褥瘡マネジメント加算のことを、介護医療院では「褥瘡対策指導管理」といいます。

　こちらの区分は2つ。Ⅰで取組み自体を評価し、Ⅱでは「リスクがある」とされた利用者について「褥瘡が発生していない」というアウトカム（成果）が問われるというしくみになっていました。

　今改定では、**入所時に「すでに褥瘡が発生している」という利用者が対象に加わる**ことになります。そして、区分Ⅰの要件である取組みの結果、「その褥瘡が治癒された」という成果もⅡのアウトカム評価に加わりました。

　これは、実際に施設入所者に「褥瘡がある」というケースが6％ほどあり、そのうち「治癒した」というケースが半分以上に上っていることに着目したものです。改定が行なわれることにより、施設での褥瘡ケアの取組みが大きな効果を上げているという点について、適正な評価が加わったことになります。

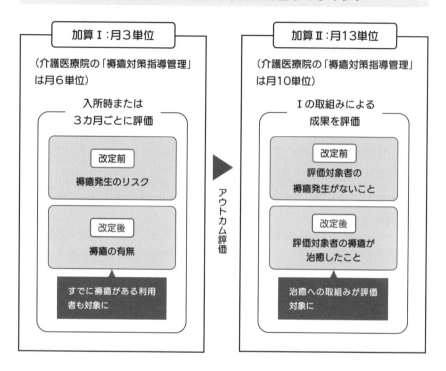

「褥瘡マネジメント加算」の要件見直しのポイント

加算Ⅰ：月3単位

（介護医療院の「褥瘡対策指導管理」
は月6単位）

入所時または
3カ月ごとに評価

改定前

褥瘡発生のリスク

改定後

褥瘡の有無

すでに褥瘡がある利用
者も対象に

アウトカム評価

加算Ⅱ：月13単位

（介護医療院の「褥瘡対策指導管理」
は月10単位）

Ⅰの取組みによる
成果を評価

改定前

評価対象者の
褥瘡発生がないこと

改定後

評価対象者の褥瘡が
治癒したこと

治癒への取組みが評価
対象に

ADL維持等加算の「利得」がハードルアップ

　もう１つのアウトカム評価が、「ADL維持等加算」です。施設系のほか、
特定施設や通所介護にも適用されています。

　この加算は「Barthel Index」という指標を用いて利用者のADLを定
期的に評価し、その差に一定の調整をかけたうえで算出した数字（調整済
みADL利得）を評価するものです。

　今改定では、調整済みADL利得が「高い」ほうの区分（2以上）について、
「3以上」というハードルアップが図られました。これにより、**自立支援・
重度化防止への取組み強化**を図ったわけです。

　また、ADL維持等加算は、その計算方法が複雑などの理由から、算定
率が低迷しています。そこで、一定条件のもとで、ADL利得の計算方法
から「要介護認定1年以内」のケースが削除されました。

第 3 章

2024年度からの
医療や福祉分野の
主な改正点

マイナンバー法などの一部改正法

マイナカードとの一体化で現行保険証が廃止

**改正の
ポイント**

☑ 現行保険証は2024年12月に廃止後マイナ保険証に移行
☑ 最長1年間の経過措置とともに資格確認証発行も行なう

「改正マイナンバー法」の成立

2023年6月に、「行政手続における特定の個人を識別するための番号の利用等に関する法律等の一部を改正する法律案」、いわゆる「改正マイナンバー法」が成立し、公布されました。

もっとも大きなポイントは、**2024年中に現行の保険証を廃止して、マイナンバーカード（以下、マイナカード）と一体化**することです。その後の閣議決定で、廃止の期日は2024年12月2日と決定されました。

現行保険証は廃止後もいつまで使えるか？

廃止後も、12月1日時点で手元にある有効な健康保険証は、最長1年間使用することができます（ただし、その前までの有効期間が設定されている場合は、その有効期間まで）。

また、**マイナ保険証を所持していない人については、申請によらず各医療保険者から「資格確認書」が発行**されます。これにより、必要な保険診療を受けることができます。

ただし、この「資格確認書」も、有効期間は1年を限度として各保険者によって設定されます。いつまでも使えるわけではありません。

要介護高齢者などへの交付をどう支援する？

要介護高齢者など窓口での申請が難しいというケースについては、**介護・障害福祉施設などや希望する個人宅への出張による申請が可能**です。その

現行保険証廃止をめぐる制度上の対応

2024年12月2日　現行保険証の廃止
➡12月1日時点で手元にある有効な健康保険証は、最長2025年12月1日まで使用可能

マイナ保険証を所有していない人

マイナ保険証を所有していない人については、申請によらず、医療保険者が「資格確認書」を交付。有効期間は最長1年で各保険者が設定する。

マイナカードの取得が難しい人（要介護高齢者など）
①申請が難しい➡施設や個人宅へ自治体職員が出張（出張による申請）
②交付が難しい➡代理人による交付を可能に（事前予約や厳格な本人確認を要す）
③暗証番号設定が困難➡顔認証によるマイナカードを発行

あたりの対応について、介護・障害福祉施設などには「マイナカード取得・管理マニュアル」も配布されています。

　交付については、代理人による受取りも可能です。ただし、事前予約や厳格な本人確認が必要となります。

　また、マイナカードの交付に際しては暗証番号の設定が必要ですが、認知症の人など暗証番号の設定に不安がある人の場合、顔認証によるカードの交付も2023年12月よりスタートしています。

医療機関側への支援金なども導入されている

　一方で、マイナンバーの紐づけに誤りがある事案も発生し、保険証廃止への国民の不安も高まっています。それゆえ申請数が伸び悩んでいます。

　また、医療現場においてカードリーダーの操作に慣れないなどのケースも課題となります。そもそも医療機関側で、カードリーダーの設置が進まないという点も大きなハードルとなります。

　医療機関側の対応については、国の予算編成によってカードリーダーの設置に補助金を出したり、マイナ保険証の利用率に応じて支援金を支払うといったしくみも導入されています。

健康保険法等の一部改正法

「出産育児一時金」の財源
後期高齢者医療も負担するしくみ

**改正の
ポイント**

☑ 出産育児一時金の支給額を50万円に引上げ
☑ 引上げ分の財源を後期高齢者医療制度も支援

出産育児一時金引上げと出産費用の「見える化」

わが国の「出生数」が予想より速いスピードで減少する中、**こども・子育て支援の拡充は、国にとって大きな課題**となっています。

その対策の1つとして、2023年5月に成立し公布された「全世代対応型の持続可能な社会保障制度を構築するための健康保険法等の一部を改正する法律」では、出産育児一時金についての対応が盛り込まれました。

出産について医療保険は適用されません。その代わりに、上記の出産育児一時金を受けることができます。その金額ですが、今回の法改正により「42万円→50万円」と引き上げられました。

なお、出産費用の保険適用については、2026年度をめどに検討される予定です。**それまでの間、出産育児一時金はあるものの、医療機関ごとに金額やサービスの内容が異なる中で出産する人が選択する必要**があります。そこで、この選択に資するよう出産費用を「見える化」し、2024年4月からウェブサイト上で公開されることになりました。

後期高齢者医療制度からも支援金を拠出

さて、出産育児一時金が8万円も引き上げられるとなれば、その財源をどうするかが課題となります。今回の法改正では、その**支給費用について現役世代だけでなく、後期高齢者も支援するしくみ**が定められました。

具体的には、後期高齢者医療制度から各医療保険者に支援金を拠出し、それを出産育児一時金に充てるというものです。

子育て支援の観点から「出産育児一時金」を増額

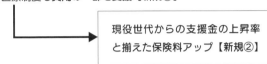

出産育児一時金の増額　42万円➡50万円

同時に出産費用の「見える化」も推進（ウェブサイトで公表）

・各医療保険者が負担（国保、協会けんぽ、企業健保、共済組合）
・後期高齢者医療制度も費用の一部を支援【新規①】

現役世代からの支援金の上昇率と揃えた保険料アップ【新規②】

①と②によって、後期高齢者1人あたり
平均で医療保険料月450円（年間で5,400円）アップ
※ただし、段階的引上げなど激変緩和措置あり

　2022年の厚労省の社会保障審議会で出された試算では、後期高齢者1人あたりで月額50円（年間で600円）の保険料引上げとなっています。

　もともと後期高齢者医療制度が創設される前は、出産育児一時金を含め、こども関連の医療費をすべての世代で負担していました。その時の状況に戻ったという解釈もできるわけです。

現役世代の負担を抑えるためのしくみ

　なお、後期高齢者医療制度については、後期高齢者自身の保険料および公費のほか、現役世代が負担する各医療保険者からの支援金によって成り立っています。ところが、**後期高齢者が負担する保険料の上昇と比較して、現役世代による支援金の上昇の度合いが著しくなっています。**

　そこで、今回の法改正では、後期高齢者の保険料と現役世代の支援金のそれぞれの伸び率が同じになるようにすることが定められました。

　これにより、先の出産育児一時金への支援も含めて、後期高齢者の保険料は、制度改正前との比較で月平均450円アップと試算されています。ただし、急な上昇を抑えるための**激変緩和措置**も設けられます。

診療報酬改定

介護と関係の深い診療報酬改定①
協力医療機関としての責務

**改正の
ポイント**

☑ **介護保険施設との協力関係を責務として明確化**
☑ **介護保険施設からの入院受入れを報酬上で評価**

対介護連携のための改定

2024年度は、介護・診療・障害福祉の各報酬のトリプル改定となります。

特に**介護保険利用者の重度化ニーズに対応するうえで、介護・医療連携への評価は大きなポイント**です。今回の診療報酬改定でも、対介護連携の推進を図るためのさまざまなしくみが誕生しています。

協力医療機関であることを施設基準に設定

2024年度から介護側の施設系・居住系サービスで、協力医療機関に係る新規定が設けられました（施設系は3年の経過措置をもって義務化）。

この協力医療機関となる側についても、診療報酬上での基準や報酬の見直しによるインセンティブ強化が図られています。

まず、**在宅療養支援病院や地域包括ケア病棟などの施設基準で、介護保険施設との協力が可能な体制をとっていることが必要**となりました。

そのうえで、施設側から協力医療機関となることを求められた場合に、その求めに応じることが「望ましい」という規定も設けられています。

容態急変の施設利用者を入院させた場合の評価

さらに、施設の入所者の病状が急変した際、協力医療機関となっている医療機関で、①入院の必要性を判断し、②実際に入院させた場合に「協力対象施設入所者入院加算」が算定できることになりました。

この場合の区分は2つあり、施設側の求めに応じて「往診」をした後に、

医療機関側が協力医療機関となることのインセンティブ

STEP 1
在宅療養支援病院や地域包括ケア病棟で介護保険施設の協力医療機関となることを施設基準に設定

STEP 2
施設入所者の容態悪化で「往診」した場合

介護保険施設等連携往診加算　200点
（平時からの施設側との連携体制構築も必要）

> 施設での医療行為について、診療報酬で算定できる範囲が拡大（老健での末期がんの緩和ケアなど）

「往診」したうえで入院させた場合

STEP 3
協力対象施設入所者入院加算　600点
（往診しない場合は200点）

先の①、②を満たした場合は600点が加算されます。「往診」をしない場合には、200点となります。

　なお、この「往診」だけでも算定できる加算も誕生しました。それが「介護保険施設等連携往診加算（200点）」です。

　この場合、協力医療機関として、施設側と平時から「利用者の病状急変時」などについての連携体制を構築していることが必要です。

施設での医療行為、診療報酬で算定できる範囲が拡大

　介護保険施設への往診を評価するしくみが誕生する一方、課題となっていたのが、**施設での医療行為を診療報酬で算定できないケースがある**ことです。今改定では、算定できる範囲が広がりました。

　例えば、介護老人保健施設（以下、老健）の入所者のうち、末期がんの人に対しての放射線治療や緩和ケアが算定可能となりました。

　さらに、老健や介護医療院において、高度な管理を必要とする薬剤を処方した場合にも、処方箋発行に係る費用が医療保険で算定されます。

診療報酬改定

介護と関係の深い診療報酬改定②
介護施設への助言・支援などを評価

改正の
ポイント

☑ 感染対策向上加算の要件に介護側への助言を追加
☑ 介護現場での緩和ケアや褥瘡ケアへの助言なども追加

医療機関の介護現場への責務

医療機関による介護現場への責務は、協力医療機関としての対応だけではありません。新型コロナのような感染症拡大や介護保険利用者の重度ニーズの高まりなど、**さまざまなケースを想定したうえでの助言や支援**についても、今改定では推進のためのしくみが設けられました。

「感染対策向上加算」で介護現場への助言を要件に加える

まずは感染症についてです。診療報酬上では「感染対策向上加算」が設けられていて、医師や看護師による感染制御チームを組織することなどが要件となっています。この**感染制御チームの責務に、介護施設（特定施設も含む）や障害福祉施設への助言も含まれる**ことになりました。

この実施により、チームを構成する職員の専従要件を満たすという位置づけです。ただし、助言にかかわる時間は月10時間以下とされています。

さらに、この感染制御チームについては、**介護施設などへの協力に関しての推奨される取組みも示されています**。具体的には、施設などから求めがあった場合、その施設に対して感染症対策の実地指導を行なったり、院内の感染対策に関する研修を施設側と合同で実施するというものです。

ちなみに介護報酬では、「高齢者施設等感染対策向上加算」が新設されましたが、ここに医療機関が実施する研修・訓練への参加や実地指導の受入れが要件となっています。これに対応したものといえます。

介護現場への助言や各種支援を評価したしくみ

┌─────────────────────────────────────┐
│ 「感染対策向上加算」の新たな施設基準 │
└─────────────────────────────────────┘

要件
- 介護保険施設等（特定施設含む）または障害者支援施設等と協力が可能な体制をとっていること
- 介護保険施設等からの求めに応じて感染防止に係る助言・実地指導を行なう（専従職員のかかわる時間は月10時間以下）【新規】
- 院内での感染対策に関する研修を介護保険施設等と合同で実施することが望ましい（介護報酬の高齢者施設等感染対策向上加算に対応）【新規】

以下の専従要件も、介護施設等への「助言」を規定
- 「緩和ケア診療加算」の緩和ケアチーム
- 「褥瘡ハイリスク患者ケア加算」の褥瘡管理者

緩和ケアや褥瘡ケアでも介護現場への助言を推進

　介護現場に係る助言などについては、感染症対策だけではありません。

　例えば、「緩和ケア診療加算」の算定では、緩和ケアチームの設置が必要です。今改定では、同チームの専従職員の要件として、やはり**介護施設からの求めに応じて、緩和ケアの専門性にもとづく助言を行なう**ことが定められました（やはり、月10時間以下という条件あり）。

　同様の規定は、「褥瘡ハイリスク患者ケア加算」でも設けられました。

　こちらは、同加算算定に必要な褥瘡管理者の専従要件として、介護施設などに対して褥瘡管理の専門性にもとづく助言を行なうとしています。

　在宅介護の現場に対しても、医療機関側の相談対応がより明確化された改定が見られます。それが、在宅医療を担う医療機関に算定される「地域包括診療料」の算定要件に係る規定です。

　そこでは、在宅のケアマネジャーなどからの相談に適切に対応するとともに、「相談対応が可能である」という旨を院内に掲示することが明記されました。施設基準の選択的な要件でも、ICTや対面によるケアマネジャーからの相談に対応する機会を設けていることが示されています。

介護と関係の深い診療報酬改定③
入退院時の介護との連携など

**改正の
ポイント**

☑ 入退院支援に関する加算で対介護連携を重視
☑ 退院時の対リハ連携や栄養情報の共有を促進

入院前からの情報収集等への評価アップ

　入院医療機関からの退院を円滑に進めるうえでは、**在宅などを支える介護との連携が特に重要**になります。2024年度の診療報酬改定でも、入退院支援や退院直後の情報共有などの評価が見直されています。

　まず入退院支援に係る評価ですが、円滑な退院に向けて入院前からの情報収集などを評価した「入院時支援加算」の点数がアップしました。アップした区分は、特に情報収集を手厚くしているケースについてです。

　第2章で述べたとおり、居宅介護支援の入院時情報連携加算でのケアマネジャーから医療機関への情報提供のタイミングが早まりました。最短で「入院当日」ですが、「入院前からの情報提供」も可としています。

　つまり、**医療側の入院時支援加算の評価アップは、介護側からの「より早い情報提供」の流れに対応したもの**といえます。

「入退院支援加算」で対介護連携の要件強化

　一方、入退院支援加算ですが、施設基準では円滑な退院に向けた協議を進めるための連携機関数（25件）を要件としています。今改定では、その**連携機関数の内訳についての定めが設けられました**。

　例えば、慢性期の療養を担う地域包括ケア病棟においては、居宅介護支援や居宅介護サービス事業所、障害福祉サービスの事業所などとの連携数を「5つ以上」としました。

　なお、入退院支援加算では、入院中からの退院支援計画の策定が要件と

入院前から退院時までの流れの中での連携評価

入院前

入院時支援加算1　230点➡240点

◀ 居宅介護支援の入院時情報連携加算の「情報提供のスピードアップ」で後押し？

入院後

入退院支援加算の見直し
①連携機関25のうち、居宅介護支援事業所等が5つ以上（地域包括ケア病棟の場合）
②退院支援計画に「リハビリ、栄養・口腔の療養支援内容」「多職種チームの分担」などを盛り込み

退院時

・退院時共同指導料2の要件見直し
　共同指導参加職種に、ケアマネジャー等に加え、退院後に介護保険のリハビリを提供する職種の追加を推奨
・栄養情報連携料　70点（新設）
　入院中の栄養管理の情報について、退院後の介護保険施設等の管理栄養士に情報提供を行なった場合

なっています。この計画について、以下の2点を盛り込むことが明記されました。それは、①リハビリ、栄養・口腔管理に係る療養支援の内容、②栄養サポートチームなど多職種チームとの役割分担です。

いずれも円滑な在宅生活への移行を目指したものです。

退院時の共同指導に参加するメンバーと栄養情報連携

こうした改定に加え、**退院時の情報共有などの規定も見直されました。**

1つは、患者の退院時における多職種による共同指導についてです。ここでは「退院時共同指導料2」が算定されます。

ここでの共同指導のメンバーは、退院後の支援を担うケアマネジャーなども含まれます。今改定では、ここに「介護保険でのリハビリを提供するPT・OT・STなども参加することが望ましい」ことが加えられました。

さらに、入院中の患者の栄養に係る情報について、退院後の医療機関や介護施設の管理栄養士との共有を評価するしくみも設けられました。

それが「栄養情報連携料」で、入院中1回に限り70点が算定されます。

障害福祉サービス等報酬改定

障害福祉サービス等の報酬・基準①
尊厳の確保や地域生活移行を支援

**改正の
ポイント**

☑ 本人の意思決定支援や虐待防止・権利擁護
☑ 施設から地域生活への移行を支援するしくみ

障害福祉サービスに関する改定

　2024年度のトリプル改定の一翼として注目されるのが、**障害福祉サービス等の報酬・基準改定**です。今改定の柱は以下の3つです。

　①障害者が希望する地域生活を実現する地域づくり、②社会の変化等にともなう障害児・障害者のニーズへのきめ細やかな対応、③持続可能で質の高い障害福祉サービス等の実現のための報酬等の見直し、です。

常勤の拠点コーディネーターの配置を評価

　3つの柱のうち、今改定で特に注目したいのは①です。

　障害がある人の「自分らしく地域で暮らしたい」という希望に、いかに応えるか——そのための支援体制はどうあるべきかが問われています。

　その支援体制の一環として、**地域生活支援拠点等に「当事者の地域生活に向けた情報連携」を担う拠点コーディネーターが配置**されます。その配置を評価する「地域生活支援拠点等機能強化加算」が新設されました。

　これは、拠点コーディネーターを常勤で1名以上配置した場合に、月500単位が加算されるというものです。

　この拠点コーディネーターは、施設等で生活する障害者の希望に応じ、地域生活に移行するための体験や場の確保の調整も行ないます。

　例えば、「施設を出てグループホームに入居しながら、いずれは1人暮らしをしたい」という人がいるとします。そうした人に対し、まずはグループホームの見学機会を提供したり、地域移行に向けた動機づけとして社会

地域生活支援拠点等の機能の充実について

地域生活支援拠点等（相談支援事業所等）

- ・地域移行支援（宿泊体験、体験利用加算）
- ・自立生活援助　・地域定着支援（緊急時対応加算）
- ・計画相談支援　・障害児相談支援

＋

拠点コーディネーターを
常勤で1名以上配置

地域生活支援拠点等機能強化加算　月500単位
（算定人数はコーディネーター1人につき月100回まで）

当事者の尊厳確保に向けた減算
- ・【新設】虐待防止措置未実施減算　所定単位数の1％を減算
- ・身体拘束廃止未実施減算　【改定前】1日5単位減算➡【改定後】所定単位数の10％を減算
  （訪問・通所系サービスは、所定単位数の1％減算に）
- ・本人の意思決定支援の取組みを推進

活動への参加の機会を設けるといった具合です。

　しかし、実際に地域生活に移行するとなると、本人にもさまざまな不安が生じます。そこで、**緊急時に備えた相談や対応の体制**も求められます。これも地域生活支援拠点等の役割です。

虐待防止の強化や意思決定支援の義務化など

　障害者の地域生活では、本人の尊厳がきちんと確保されることが必要です。今改定では、こうした**尊厳確保に向けた方策が数多く設けられました**。

　例えば、事業所・施設では「障害者虐待防止措置」が義務づけられています。その措置が未実施の場合の減算が設けられました。

　また、本人の意思に反する異性介助がなされないよう、本人の意向把握を通知で明記。身体拘束などの適正化に向けた減算も強化されました。

　さらに、本人の意思決定の尊重を進めるために、サービス利用計画の作成に際してのアセスメントなどで、意思表出が難しい人でも「本人の意思をていねいに把握する」ことが義務づけられました。

障害福祉サービス等報酬改定

障害福祉サービス等の報酬・基準②
利用者の重度化や高齢化への対応

**改正の
ポイント**

☑ 重度訪問介護利用者が入院する場合の連携を評価
☑ 利用者が介護保険利用優先となった場合の対応

重度訪問介護利用者が入院した場合

　障害福祉サービスの利用者も、**高齢化やそれにともなう持病等の悪化といったリスク**が高まっています。前項で述べた「改定の柱」では、社会の変化等にともなうニーズへのきめ細やかな対応がありましたが、高齢化・重度化にともなうリスクへの対応もこれにあたります。

　まずは、利用者の「重度化リスク」に関してです。

　介護保険では、利用者の重度化リスクに対して対医療連携の強化が大きなテーマとなっています。障害福祉でも同様で、例えば重度訪問介護の利用者が入院した場合の対医療連携に係る評価が新設されました。

　それが「入院時支援連携加算（入院前１回300単位）」です。

　重度訪問介護の利用者の場合、常に重度訪問介護従事者の付き添いが必要です。入院となれば、そうした従事者と医療機関側の看護師との間で業務範囲の調整が必要になります（例．コミュニケーション支援の範囲の確認など）。医療機関側としては、介護方法などの確認も必要です。

　そこで、**本人の入院前に障害福祉側の担当者（相談支援専門員含む）、医療機関側の担当者、そして本人が参加しつつ、関係者による事前調整の機会を持つ**ことになります。これを評価した加算です。

障害福祉サービスの利用者が65歳以上になった場合

　次に、障害福祉サービスの利用者が高齢化した場合の対応です。

　障害福祉制度と介護保険制度の関係では、前者の利用者が65歳になる

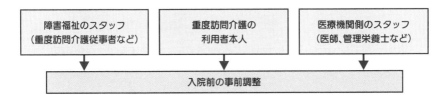

重度訪問介護利用者が病状悪化で入院した場合の評価

障害福祉のスタッフ （重度訪問介護従事者など）	重度訪問介護の 利用者本人	医療機関側のスタッフ （医師、管理栄養士など）

入院前の事前調整

①障害者本人、障害福祉サービス等事業者から医療機関への伝達事項
　・入院する障害者の基本情報　・利用している障害福祉サービス等　など
②医療機関から障害福祉サービス等事業者への伝達事項
　・医療機関の入院規則　・感染対策（体温等の確認、マスク装着の徹底）
③医療機関と障害福祉サービス等の調整
　・看護師が行なう業務と重度訪問介護従事者が行なう業務の確認
　・障害特性を踏まえた病室等の環境調整や対応　など

入院時支援連携加算　入院前1回300単位　※重度訪問介護事業者に算定

と、介護保険の利用が優先されます。具体的には、障害福祉で使っているサービスが介護保険サービスに相当している場合（例. 障害福祉の居宅介護と介護保険の訪問介護など）、原則として後者に移行します。

　もちろん、それだけでは不十分であることが認められる場合には、障害福祉のサービスも利用を続けることは可能です。

　ただし、障害福祉サービスには「国庫負担基準（国が負担する上限）」が設けられています（市町村は、国庫負担をサービス利用の少ない人の分を多い人の分に回すなど、柔軟な対応が可能）。

　高齢の障害者が増え、**障害福祉と介護保険の併用というケースを想定した国庫負担基準を定める必要**があります。これまで、重度訪問介護については定められていました。この単位数を見直すとともに、居宅介護についても設定することになりました。

　その他、障害福祉の相談支援専門員から介護保険のケアマネジャーに、利用者支援の引継ぎが行なわれた場合の連携加算（居宅介護支援事業所等連携加算）の要件や単位の一部見直しも行なわれています。

健康保険法等の一部改正法

かかりつけ医機能の強化に向け 都道府県への報告や患者への説明

改正の ポイント

☑ 都道府県へかかりつけ医機能の報告を求める
☑ かかりつけ医機能の提供内容の患者への説明義務

かかりつけ医機能の発揮に向けた3ステップ

　2023年5月に成立し公布された「全世代対応型の持続可能な社会保障制度を構築するための健康保険法等の一部を改正する法律」では、かかりつけ医機能が発揮されるための制度整備が行なわれました。

　かかりつけ医機能とは、**患者の身近な地域における日常的な診療や疾病の予防のための措置などを手がける医療機関の機能**です。これまで、診療報酬上でもさまざまに評価されてきましたが、地域の中でその機能共有・発揮させるためのしくみは十分とはいえませんでした。

　そこで、今改正では、かかりつけ医機能の発揮に向けて3つのステップによる環境整備が図られることになりました。

医療機関情報提供制度（医療情報ネット）の刷新

　まずは、医療機能情報提供制度を刷新することです。同制度は「医療情報ネット」といい、住民・患者による医療機関の適切な選択を支援するために厚労省のサイト上で活用できるものです。

　この情報提供項目を見直したうえで、**医療機関同士の連携に係る情報も取得できるようにされました。**これにより、かかりつけ医機能を有する医療機関が選択できる土台を整えたことになります（2024年4月施行）。

　この情報基盤への「かかりつけ医機能」の反映に向け、次のステップとして医療機関から都道府県知事に対し、かかりつけ医機能についての報告を求めることとされました（2025年4月施行）。

かかりつけ医機能を発揮させるための制度改編

STEP 1

医療機能情報提供制度（医療情報ネット）の刷新
➡情報提供項目の見直しなど

STEP 2

医療機関から都道府県知事にかかりつけ医機能について報告

①高齢者等などに発症頻度の高い疾病等に係る診療機能など
②通常の診療時間以外の時間に診療を行なう機能
③病状が急変した場合などで、患者を他の医療機関、介護施設、居宅等での療養生活に円滑に移行させるべく必要な支援を提供する機能
④居宅等において必要な医療を提供する機能
⑤介護その他医療と密接に関連するサービスを提供する者と連携して必要な医療を提供する機能　など

都道府県知事

・外来医療に係る地域の関係者との協議の場に報告
・協議の場でかかりつけ医機能を確保するための具体的な方策を検討

かかりつけ医機能を確保するための方策を検討

報告を受けた都道府県知事は、以下の対応を行ないます。

①報告をした医療機関が、かかりつけ医機能の確保に係る体制を有していることを確認します。②そのうえで、外来医療に関する地域の関係者との協議の場に報告するとともに、住民に公表します。

さらに、②の協議の場で、**かかりつけ医機能を確保するための具体的な方策を検討し、これも住民に公表**することが求められます。

医療機関は患者への説明の責務に努める

次のステップとなるのが、上記の①で「かかりつけ医機能」を有していることが確認された医療機関の責務です（2025年4月施行）。

具体的には、慢性疾患を有する高齢者に外来等で医療を提供する際に、患者が希望する場合に「**かかりつけ医機能として提供する医療の内容**」を**書面交付やオンラインで説明するよう努める**というものです。

2024年度厚労省予算

身寄りがない人などの生活支援に向けて新たなモデル事業展開

改正の ポイント

☑ 持続可能な権利擁護支援のモデル事業開始
☑ 身寄りのない高齢者への包括的な相談対応

地域共生社会の実現に向けた新事業に力点

　2024年度の厚労省予算では、介護・診療・障害福祉のトリプル改定に向けた予算措置のほか、**長年のテーマとなっている地域共生社会の実現に向けた新事業など**に力が入れられています。

　その1つとして注目したいのが、「持続可能な権利擁護支援モデル事業」の展開です。「権利擁護」というと、成年後見制度などが頭に浮かびますが、それ以外の幅広い権利擁護支援策の検討を進めるためのものです。

　いくつかのテーマの中で、注目したいのが「身寄りのない人等に対する市町村が関与した新たな生活支援・意思決定支援に関する取組み」です。

「身寄りのない高齢者など」への支援は社会的課題

　1人暮らしの高齢者など増える中、「身寄りのない人」への支援は大きな課題となっています。例えば、医療機関への入院や介護施設への入所時の「身元保証」をどうするかなどは、社会的関心の高いテーマです。

　これについて、本予算では2つのスキームが示されています。

　1つは、包括的な相談・調整窓口の整備です。この窓口では、**身寄りのない高齢者などの相談を受け止め、支援を調整**します。

　その際には専門のコーディネーターを配置し、地域の多様な社会資源を組み合わせた包括的支援のマネジメントや各種支援・契約の履行状況の確認などを行ないます。例えば、包括的支援では、見守りから家賃債務保証、身元保証、終活支援までが想定されています。

身寄りのない人等に対する市町村が関与した取組み

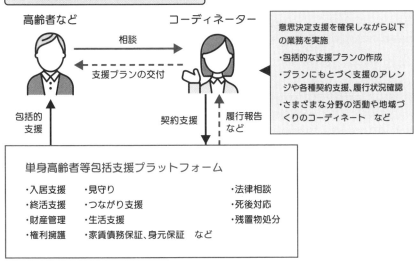

例　包括的な相談・調整窓口の整備

高齢者など　　　　　コーディネーター

相談

支援プランの交付

包括的支援

契約支援　履行報告など

意思決定支援を確保しながら以下の業務を実施
・包括的な支援プランの作成
・プランにもとづく支援のアレンジや各種契約支援、履行状況確認
・さまざまな分野の活動や地域づくりのコーディネート　など

単身高齢者等包括支援プラットフォーム

・入居支援　　・見守り　　　　　　・法律相談
・終活支援　　・つながり支援　　　・死後対応
・財産管理　　・生活支援　　　　　・残置物処分
・権利擁護　　・家賃債務保証、身元保証　など

日常生活支援や身元保証をパッケージ化

　もう1つのスキームは、総合的な支援パッケージを提供する取組みです。

　やはり身寄りのない高齢者などを対象に、**意思決定支援（本人の意思による預金引き出しに立ち会うなど）を行ないつつ、日常生活支援や身元保証などをあわせて提供**していくというものです。

　現状でも、介護保険サービスの手続き代行や印鑑・証書・重要書類の保管などさまざま日常生活支援サービスはあります。しかし、1つ1つのサービスの調整がバラバラで、本人に寄り添った意思決定の支援が十分にともなわないがゆえに、さまざまな混乱も生じがちです。

　そこで、支援策をパッケージ化したうえで、その支援過程で、意思決定支援がともなうようなしくみが模索されています。事業の実施者（社会福祉協議会などを想定）は、市町村から補助・委託を受けたうえで、実施状況を報告するという流れになります。

　モデル事業の実施後は、結果検証を行なったうえで地域支援事業などの一環として制度化される可能性があります。

全世代対応型の持続可能な社会保障制度を構築するための 健康保険法等の一部を改正する法律（令和5年法律第31号）の概要

令和5年5月12日成立、5月19日公布

改正の趣旨

全世代対応型の持続可能な社会保障制度を構築するため、出産育児一時金に係る後期高齢者医療制度からの支援金の導入、後期高齢者医療制度における後期高齢者負担率の見直し、前期財政調整制度における報酬調整の導入、医療費適正化計画の実効性の確保のための見直し、かかりつけ医機能が発揮される制度整備、介護保険者による介護情報の収集・提供等に係る事業の創設等の措置を講ずる。

改正の概要

1．こども・子育て支援の拡充【健康保険法、船員保険法、国民健康保険法、高齢者の医療の確保に関する法律等】

①出産育児一時金の支給額を引き上げる（※）とともに、支給費用の一部を現役世代だけでなく後期高齢者医療制度も支援する仕組みとする。

（※）42万円→50万円に令和5年4月から引き上げ（政令）、出産費用の見える化を行う。

②産前産後期間における国民健康保険料（税）を免除し、その免除相当額を国・都道府県・市町村で負担することとする。

2．高齢者医療を全世代で公平に支え合うための高齢者医療制度の見直し【健保法、高確法】

①後期高齢者の医療給付費を後期高齢者と現役世代で公平に支え合うため、後期高齢者負担率の設定方法について、「後期高齢者一人当たりの保険料」と「現役世代一人当たりの後期高齢者支援金」の伸び率が同じとなるよう見直す。

②前期高齢者の医療給付費を保険者間で調整する仕組において、被用者保険者においては報酬水準に応じて調整する仕組みの導入等を行う。

健保連が行う財政が厳しい健保組合への交付金事業に対する財政支援の導入、被用者保険者の後期高齢者支援金等の負担が大きくなる場合の財政支援の拡充を行う。

3．医療保険制度の基盤強化等【健保法、船保法、国保法、高確法等】

①都道府県医療費適正化計画について、計画に記載すべき事項を充実させるとともに、都道府県ごとに保険者協議会を必置として計画の策定・評価に関与する仕組みを導入する。また、医療費適正化に向けた都道府県の役割及び責務の明確化等を行う。計画の目標設定に際しては、医療・介護サービスを効果的・効率的に組み合わせた提供や、かかりつけ医機能の確保の重要性に留意することとする。

②都道府県が策定する国民健康保険運営方針の運営期間を法定化（6年）し、医療費適正化や国保事務の標準化・広域化の推進に関する事項等を必須記載とする。

③経過措置として存続する退職被保険者の医療給付費等を被用者保険者間で調整する仕組みについて、対象者の減少や保険者等の負担を踏まえて廃止する。

4．医療・介護の連携機能及び提供体制等の基盤強化【地域における医療及び介護の総合的な確保の促進に関する法律、医療法、介護保険法、高確法等】

①かかりつけ医機能について、国民への情報提供の強化や、かかりつけ医機能の報告に基づく地域での協議の仕組みを構築し、協議を踏まえて医療・介護の各種計画に反映する。

②医療・介護サービスの質の向上を図るため、医療保険者と介護保険者が被保険者等に係る医療・介護情報の収集・提供等を行う事業を一体的に実施することとし、介護保険者が行う当該事業を地域支援事業として位置付ける。

③医療法人や介護サービス事業者に経営情報の報告義務を課した上で当該情報に係るデータベースを整備する。

④地域医療連携推進法人制度について一定の要件のもと個人立の病院等や介護事業所等が参加できる仕組みを導入する。

⑤出資持分の定めのある医療法人が出資持分の定めのない医療法人に移行する際の計画の認定制度について、期限の延長（令和5年9月末→令和8年12月末）等を行う。

　　等

施行期日

令和6年4月1日（ただし、3①の一部及び4⑤は公布日、4③の一部は令和5年8月1日、1②は令和6年1月1日、3①の一部及び4①は令和7年4月1日、4③の一部は公布後3年以内に政令で定める日、4②は公布後4年以内に政令で定める日）

全世代対応型の持続可能な社会保障制度を構築するための
健康保険法等の一部を改正する法律における介護保険関係の主な改正事項

Ⅰ．介護情報基盤の整備

・介護保険者が被保険者等に係る医療・介護情報の収集・提供等を行う事業を医療保険者と一体的に実施

　被保険者、介護事業者その他の関係者が当該被保険者に係る介護情報等を共有・活用することを促進する事業を介護保険者である市町村の地域支援事業として位置付け

　市町村は、当該事業について、医療保険者等と共同して国保連・支払基金に委託できることとする

　　※共有する情報の具体的な範囲や共有先については検討中。

Ⅱ．介護サービス事業者の財務状況等の見える化

・介護サービス事業所等の詳細な財務状況等を把握して政策立案に活用するため、事業者の事務負担にも配慮しつつ、財務状況を分析できる体制を整備

　各事業所・施設に対して詳細な財務状況（損益計算書等の情報）の報告を義務付け

　　※職種別の給与（給料・賞与）は任意事項。

　国が、当該情報を収集・整理し、分析した情報を公表

Ⅲ．介護サービス事業所等における生産性の向上に資する取組に係る努力義務

・介護現場における生産性の向上に関して、都道府県を中心に一層取組を推進

　都道府県に対し、介護サービス事業所・施設の生産性の向上に資する取組が促進されるよう努める旨の規定を新設　など

Ⅳ．看護小規模多機能型居宅介護のサービス内容の明確化

・看多機について、サービス内容の明確化等を通じて、更なる普及を進める

　看多機のサービス内容について、サービス拠点での「通い」「泊まり」における看護サービス（療養上の世話又は必要な診療の補助）が含まれる旨を明確化　など

Ⅴ．地域包括支援センターの体制整備等

・地域の拠点である地域包括支援センターが地域住民への支援をより適切に行うための体制を整備

　要支援者に行う介護予防支援について、居宅介護支援事業所（ケアマネ事業所）も市町村からの指定を受けて実施可能とする　など

出所：厚生労働省 全国介護保険担当課長会議（R5.7.31）資料

介護サービスの種類

介護給付を行うサービス
○都道府県・政令市・中核市が指定・監督を行うサービス

◎居宅介護サービス
【訪問サービス】
・訪問介護（ホームヘルプサービス）
・訪問入浴介護
・訪問看護
・訪問リハビリテーション
・居宅療養管理指導
【通所サービス】
・通所介護（デイサービス）
・通所リハビリテーション

【短期入所サービス】
・短期入所生活介護（ショートステイ）
・短期入所療養介護

・特定施設入居者生活介護
・福祉用具貸与
・特定福祉用具販売

◎施設サービス
・介護老人福祉施設
・介護老人保健施設
・介護医療院

○市町村が指定・監督を行うサービス

◎地域密着型介護サービス
・定期巡回・随時対応型訪問介護看護
・夜間対応型訪問介護
・地域密着型通所介護
・認知症対応型通所介護
・小規模多機能型居宅介護
・認知症対応型共同生活介護（グループ
ホーム）

・地域密着型特定施設入居者生活介護
・地域密着型介護老人福祉施設入所者生
活介護
・複合型サービス（看護小規模多機能型
居宅介護）
◎居宅介護支援

予防給付を行うサービス
〇都道府県・政令市・中核市が指定・監督を行うサービス

◎介護予防サービス
【訪問サービス】
　・介護予防訪問入浴介護
　・介護予防訪問看護
　・介護予防訪問リハビリテーション
　・介護予防居宅療養管理指導
【通所サービス】
　・介護予防通所リハビリテーション

【短期入所サービス】
　・介護予防短期入所生活介護（ショートステイ）
　・介護予防短期入所療養介護

・介護予防特定施設入居者生活介護
・介護予防福祉用具貸与
・特定介護予防福祉用具販売

〇市町村が指定・監督を行うサービス

◎地域密着型介護予防サービス
・介護予防認知症対応型通所介護
・介護予防小規模多機能型居宅介護

・介護予防認知症対応型共同生活介護（グループホーム）
◎介護予防支援

※上記の他、居宅介護（介護予防）住宅改修、介護予防・日常生活支援総合事業がある。

出所：厚生労働省老健局資料（一部抜粋）

区分支給限度基準額

居宅サービス・地域密着型サービスを利用する場合、要介護状態区分に応じて1カ月に利用できる限度額（区分支給限度基準額）が決められています。限度額を超えた分は全額自己負担となります。

区分支給限度基準額

要介護度	区分支給限度基準額
要支援1	5,032単位
要支援2	10,531単位
要介護1	16,765単位
要介護2	19,705単位
要介護3	27,048単位
要介護4	30,938単位
要介護5	36,217単位

※居宅サービスのうち、居宅療養管理指導、特定施設入居者生活介護（短期利用除く）については、支給限度基準額の対象となりません。

出所：北海道北広島市公式HPを元に作成

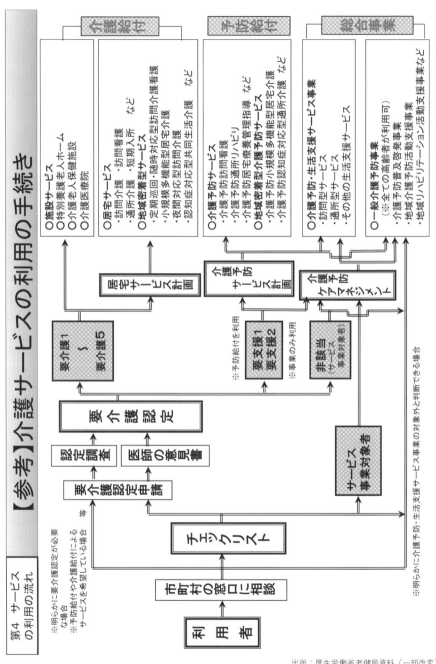

【参考】介護サービスの利用の手続き

第4 サービスの利用の流れ

介護給付

○施設サービス
・特別養護老人ホーム
・介護老人保健施設
・介護医療院

○居宅サービス
・訪問介護・訪問看護
・通所介護・短期入所 　など
・地域密着型サービス
・定時巡回・随時対応型訪問介護看護
・小規模多機能型居宅介護
・夜間対応型訪問介護
・認知症対応型共同生活介護 　など

予防給付

○介護予防サービス
・介護予防訪問看護
・介護予防通所リハビリ
・介護予防居宅療養管理指導 　など
・地域密着型介護予防サービス
・介護予防小規模多機能型居宅介護
・介護予防認知症対応型通所介護 　など

総合事業

○介護予防・生活支援サービス事業
・訪問型サービス
・通所型サービス
・その他の生活支援サービス

○一般介護予防事業
（※全ての高齢者が利用可）
・介護予防普及啓発事業
・地域介護予防活動支援事業
・地域リハビリテーション活動支援事業　など

居宅サービス計画

介護予防サービス計画

介護予防ケアマネジメント

要介護1〜要介護5

要支援1 要支援2
※予防給付を利用

非該当
（サービス事業対象者）
※事業のみ利用

要介護認定

認定調査　医師の意見書

要介護認定申請　等

サービス事業対象者

チェックリスト

市町村の窓口に相談

利用者

※明らかに要介護認定が必要な場合
※予防給付や介護給付によるサービスを希望している場合

※予防給付を利用

※事業のみ利用

※明らかに介護予防・生活支援サービス事業の対象外と判断できる場合

出所：厚生労働省老健局資料（一部改変）

178

令和6年度介護報酬改定に関する審議報告の概要

■ 人口構造や社会経済状況の変化を踏まえ、「地域包括ケアシステムの深化・推進」「自立支援・重度化防止に向けた対応」「良質な介護サービスの効率的な提供に向けた働きやすい職場づくり」「制度の安定性・持続可能性の確保」を基本的な視点として、介護報酬改定を実施。

1. 地域包括ケアシステムの深化・推進

■ 認知症の方や単身高齢者、医療ニーズが高い中重度の高齢者の増加を含め、質の高いケアマネジメントや必要なサービスが切れ目なく提供される
よう、地域の実情に応じた柔軟かつ効率的な取組を推進

・医療と介護の連携の推進
　➢ 在宅における医療ニーズへの対応強化
　➢ 高齢者施設等における医療ニーズへの対応強化
　➢ 在宅における医療・介護の連携強化　➢ 高齢者施設等と医療機関の連携強化

・質の高い公正中立なケアマネジメント
・地域の実情に応じた柔軟かつ効率的な取組

・看取りへの対応強化
・感染症や災害への対応力向上
・高齢者虐待防止の推進
・認知症の対応力向上
・福祉用具貸与・特定福祉用具販売の見直し

2. 自立支援・重度化防止に向けた対応

■ 高齢者の自立支援・重度化防止という制度の趣旨に沿い、多職種
連携やデータの活用等を推進

・リハビリテーション・機能訓練、口腔、栄養の一体的取組等
・自立支援・重度化防止に係る取組の推進
・LIFEを活用した質の高い介護

3. 良質な介護サービスの効率的な提供に向けた働きやすい職場づくり

■ 介護人材不足の中で、更なる介護サービスの質の向上を図るため、
処遇改善や生産性向上による職場環境の改善に向けた先進的な取
組を推進

・介護職員の処遇改善
・生産性の向上等を通じた働きやすい職場環境づくり
・効率的なサービス提供の推進

4. 制度の安定性・持続可能性の確保

■ 介護保険制度の安定性・持続可能性を高め、全ての世代にとって
安心できる制度を構築

・評価の適正化・重点化
・報酬体系の整理・簡素化

5. その他

・「書面掲示」規制の見直し
・基準費用額（居住費）の見直し
・地域区分
・通所系サービスにおける送迎に係る取扱いの明確化

出所：社会保障審議会介護給付費分科会（R6.1.22）資料

巻末資料

179

1. 地域包括ケアシステムの深化・推進

■ 認知症の方や単身高齢者、医療ニーズが高い中重度の高齢者を含め、それぞれの住み慣れた地域において利用者の尊厳を保持しつつ、質の高いケアマネジメントや必要なサービスが切れ目なく提供されるよう、地域の実情に応じた柔軟かつ効率的な取組を推進

※各事項は主なもの

医療と介護の連携の推進

<在宅における医療ニーズへの対応強化>
・ 医療ニーズの高い利用者が増える中、適切かつ質のより高い訪問看護を提供する観点から、専門性の高い看護師が計画的な管理を行うことを評価する加算を新設。

<在宅における医療・介護の連携強化>
・ 退院後早期に連続的で質の高いリハビリテーションを実施する観点から、退院後のリハビリテーションを提供する際に、入院中に医療機関が作成したリハビリテーション実施計画書を入手し、内容を把握することを義務付ける。

<高齢者施設等における医療ニーズへの対応強化 介護老人保健施設>
・ 所定疾患施設療養費について、介護老人保健施設の入所者に適切な医療を提供する観点から、対象に慢性心不全が増悪した場合を追加する。

<高齢者施設等と医療機関の連携強化>
・ 高齢者施設等について、施設内で対応可能な医療の範囲を超えた場合に、協力医療機関との連携の下でより適切な医療を行う体制を確保する観点から、在宅医療を担う医療機関等と実効性のある連携体制を構築するための見直しを行う。

質の高い公正中立なケアマネジメント

・ 居宅介護支援における特定事業所加算の算定要件について、ヤングケアラーなどの多様な課題への対応を促進する観点等から見直しを行う。

感染症や災害への対応力向上

・ 高齢者施設等における感染症対応力の向上を図る観点から、医療機関との連携の下、施設内で感染者の療養を行うことと、施設内での感染拡大を防止するための医療機関等との連携体制を評価する取組を評価する加算を新設する。
・ 感染症や災害の発生時にサービスを継続的に提供できる体制を構築するため、業務継続計画が未策定の場合を除き基本報酬を減算する。（1年間の経過措置）

高齢者虐待防止の推進

・ 高齢者施設等について、虐待の発生又はその再発を防止するための措置が講じられていない場合に、基本報酬を減算する。

認知症への対応力向上

・ 平時からの認知症の行動・心理症状（BPSD）の予防及び出現時の早期対応に資する取組を推進する観点から、認知症のチームケアを評価する加算を新設する。

福祉用具貸与・特定福祉用具販売の見直し

・ 利用者負担を軽減し、制度の持続可能性の確保を図るとともに、福祉用具の適時・適切な利用、安全を確保する観点から、一部の用具について貸与と販売の選択制を導入する。その際、利用者への十分な説明や多職種の意見や利用者の身体状況等を踏まえた提案などを行うこととする。

地域の実情に応じた柔軟かつ効率的な取組

・ 訪問介護における特定事業所加算について、中山間地域等で継続的なサービス提供を行っている事業所を適切に評価する観点等から見直しを行う。

看取りへの対応強化

・ 各種サービスにおける、看取り・ターミナルケア関係の加算の見直し等を行う。

2. 自立支援・重度化防止に向けた対応

■ 高齢者の自立支援・重度化防止という制度の趣旨に沿い、多種連携やデータの活用を推進

※各事項は主なもの

リハビリテーション・機能訓練、口腔、栄養の一体的取組等

- リハビリテーション・機能訓練、口腔、栄養を一体的に推進し、自立支援・重度化防止を効果的に進める観点から、**介護老人保健施設・介護医療院・介護老人福祉施設**等の関係加算等について、新たな区分を設ける。また、**通所リハビリテーション**におけるリハビリテーションマネジメント加算について、**通所リハビリテーション**の事業所を評価している事業所を評価する観点から見直す。

- 大規模型事業所であってもリハビリテーションマネジメントを実施する体制等が充実している事業所及び歯科衛生士等による栄養事業所の基本報酬について、事業所規模別の基本報酬について見直しを行う。

- 居宅療養管理指導費について、通所サービス利用者に対する管理栄養士等による栄養事業指導及び歯科衛生士等による歯科衛生指導を充実させる観点から、通所対象を通院又は通所が困難な者から通院が困難な者に見直す。算定対象を通院又は通所が困難な者から通院が困難な者に見直す。

- 訪問介護等において、職員による利用者の口腔の状態の確認によって、歯科専門職に退所する者の栄養管理に関する情報が切れ目無く行われるようにする観点から、事業所と歯科専門職の連携について、歯科専門職及び介護支援専門員等への情報提供を評価する新たな加算を設ける。

- 介護保険施設から、居宅、他の介護保険施設等、医療機関等に退所する者の栄養管理に関する情報について、他の介護保険施設及び医療機関等との間での情報連携を推進する観点から、介護保険施設の管理栄養士が、介護保険施設の入所者等の情報について、利用者の入所時の栄養管理を評価する新たな加算を設ける。

自立支援・重度化防止に係る取組の推進

- 通所介護等における入浴介助加算について、入浴介助技術の向上や利用者の居宅における自立した入浴の取組を促進する観点から見直しを行う。

- ユニットケアの質の向上の観点から、**個室ユニット型施設**について、ユニットケア施設の管理者等、ユニットケア型施設の管理者研修を受講するよう努めなければならないこととする。

- 在宅復帰・在宅療養支援等評価指標及び要件について、**介護老人保健施設**の在宅復帰・在宅療養支援機能を更に推進する観点から、指標の取得状況等も踏まえ、見直しを行う。

- **介護老人保健施設**におけるポリファーマシー解消の取組を推進する観点から、新たな区分を設ける。入所前の主治医と連携して薬剤を評価・調整した場合に加え、施設において薬剤を評価・調整した場合を評価する。そのうえで、入所前の主治医と連携して薬剤を評価・調整した場合を高く評価する。

LIFEを活用した質の高い介護

- 科学的介護推進体制加算・自立支援促進加算について、質の高い情報収集・分析を可能とし、科学的介護を推進する観点から、LIFEの入力項目の定義の明確化や入力負担の軽減等を行う。

- ADL維持等加算、排せつ支援加算、褥瘡マネジメント加算（介護医療院は褥瘡対策指導管理）について、アウトカム評価を充実する観点から見直しを行う。

3. 良質な介護サービスの効率的な提供に向けた、処遇改善や生産性や生産性向上による職場環境の改善に向け

■ 介護人材不足の中で、更なる介護サービスの質の向上を図るため、処遇改善や生産性向上による職場環境の改善に向けた先進的な取組を推進

※各事項は主なもの

介護職員の処遇改善

- 介護職員等の確保に向けて、介護職員の処遇改善のための措置をできるだけ多くの事業所に活用されるよう推進する観点から、介護職員処遇改善加算、介護職員等特定処遇改善加算、介護職員等ベースアップ等支援加算について、現行の各加算・各区分の要件及び加算率を組み合わせた4段階の「介護職員等処遇改善加算」に一本化を行う。

生産性の向上等を通じた働きやすい職場環境づくり

- 人員配置基準等で具体的な必要な数を求めている各種の職種のテレワークに関して、個人情報を適切に管理していること、利用者の処遇に支障が生じないこと等を前提に、取扱いの明確化を行い、職場や業務ごとに具体的な考え方を示す。
- 介護現場における生産性の向上に資する取組の促進を図る観点から、現場における課題を抽出及び分析した上で、事業所の状況に応じて、利用者の安全並びに介護サービスの質の確保及び職員の負担軽減に資する方策を検討するための委員会の設置を義務付ける。（3年間の経過措置）
- 介護ロボットやICT等の導入後の継続的なテクノロジー活用を支援するため、見守り機器等のテクノロジーを導入し、業務改善を継続的に行うとともに、効果に関するデータを提出することを評価する新たな加算を設ける。生産性向上ガイドラインに基づく
- 見守り機器等のテクノロジーの複数活用及び職員間の適切な役割分担の取組等により、生産性向上に先進的に取り組む特定施設について、介護サービスの質の確保及び職員の負担軽減が行われていることを確認した上で、人員配置における人員配置基準を夜間における人員配置の要件を緩和する。（3：0.9）
- 介護老人保健施設等において見守り機器等を100%以上導入する等、複数の要件を満たした場合に、夜間の要件を満たす場合に、夜間支援体制加算の要件を緩和する。
- 認知症対応型共同生活介護について見守り機器及び介護福祉士候補者及び介護福祉士の外国人について、一定の要件の下、就労開始から6月未満であってもも人員配置基準に算入してもよいこととする。EPA介護福祉士候補者及び介護福祉士の実習生

効率的なサービス提供の推進

- 管理者の責務について、利用者へのサービス提供の場面等で生じる事象を適時かつ適切に把握しながら、職員及び業務の一元的な管理・指揮命令を行うことであることを明確化した上で、管理者が兼務できる事業所の範囲について、管理者がその責務を果たせる場合には、同一敷地内における他の事業所、施設等ではなくても差し支えない旨を明確化する。
- 訪問看護における24時間対応について、看護師等に速やかに連絡できる体制等、サービス提供体制が確保されている場合は看護師等以外の職員も利用者又は家族からの電話連絡等を受けるよう、見直しを行う。
- 居宅介護支援費（Ⅰ）に係る介護支援専門員の一人当たりの取扱件数について、現行の「40未満」を「45未満」に改めるとともに、居宅介護支援費（Ⅱ）の要件について、ケアプランデータ連携システムを活用し、かつ、事務職員を配置している場合について、取扱件数について、現行の「45未満」を「50未満」に改める。また、居宅介護支援費の算定に当たり、指定介護予防支援の提供を受ける利用者数については、3分の1を乗じて件数に加えることとする。

4. 制度の安定性・持続可能性の確保

■ 介護保険制度の安定性・持続可能性を高め、全ての世代にとって安心できる制度を構築

※各事項は主なもの

評価の適正化・重点化

- 訪問介護の同一建物減算について、事業所の利用者のうち、一定割合以上が同一建物等に居住する者への提供である場合に、報酬の適正化を行う新たな区分を設け、更に見直しを行う。
- 訪問看護に求められる役割に基づくサービスが提供されるようにする観点から、理学療法士等のサービス提供状況及びサービス提供体制等に係る加算の算定状況に応じ、理学療法士等の訪問及び12月を超えた場合の減算を見直す。
- 短期入所生活介護における長期利用について、長期利用における基本報酬の適正化を図り、サービスの目的に応じた利用を促す観点から、施設入所と同等の利用形態となる場合、施設入所の報酬単位との均衡を図ることとする。
- 利用者が居宅介護支援事業所と併設・隣接しているサービス付き高齢者向け住宅等に入居している場合や、複数の利用者が同一の建物に入居している場合には、介護支援専門員の業務の実態を踏まえた評価となるよう見直しを行う。
- 多床室の室料負担について、これまでの分科会での意見等を踏まえ、予算編成過程において検討を行う。

報酬の整理・簡素化

- 介護予防通所リハビリテーションにおける身体機能等の評価を更に推進するとともに、サービスの将来的な姿を見据えて、報酬体系の簡素化を行う観点から見直しを行う。
- 定期巡回・随時対応型訪問介護看護と夜間対応型訪問介護との一体的な実施を図る観点から、夜間対応型訪問介護の実態を踏まえ、新たな区分を設ける。
- 定期巡回・随時対応型訪問介護の基本報酬に、夜間対応型訪問介護の利用者負担との同等を踏まえ、新たな区分に配慮した新たな区分を設ける。
- 長期療養生活移行加算について、介護療養型医療施設が令和5年度末に廃止となることを踏まえ、廃止する。

5. その他

※各事項は主なもの

- 運営基準省令上、事業所の運営規程の概要等の重要事項について、「書面掲示」に加え、インターネット上で情報の閲覧が完結するよう、介護サービス事業者は、原則として重要事項等の情報をウェブサイトに掲載・公表しなければならないこととする。
- 通所系サービスにおける送迎について、利便性の向上や運転専任職の人材不足等に対応する観点から、他の介護事業所や障害福祉サービス事業所の利用者との同乗を可能とするとともに、送迎先について利用者の居住実態のある場所を含めることを可能とする。
- 基準費用額（居住費）について、これまでの分科会での意見等を踏まえ、予算編成過程において検討する。
- 令和6年度以降の級地の設定に当たっては、現行の級地を適用することを基本としつつ、公平性を欠く状況にあると考えられる自治体については特例を設け、自治体に対して行った意向調査の結果を踏まえ、級地に反映する。

共生型サービス、基準該当サービスの提供の拡充
【通所リハビリテーション】
通所リハビリテーション事業所において、共生型自立訓練（機能訓練）または基準該当自立訓練（機能訓練）の提供が可能となることを踏まえ、自立訓練（機能訓練）を提供する際の人員及び設備の共有を可能とする。

訪問系サービスでの認知症専門ケア加算の見直し
【訪問系サービス】
訪問系サービスの認知症専門ケア加算の要件で、算定の推進を図るために以下の見直しを行なう。①加算Iの対象者について、「認知症日常生活自立度Ⅲ以上→Ⅱ以上」に。②①の見直しを受け、加算Ⅱにおいて「認知症日常生活自立度Ⅲ以上」の規定を設け、その割合も「50％→20％」に緩和。

診療未実施減算の経過措置の延長
【訪問リハビリテーション】
診療未実施減算を適用したうえでのサービス提供について、「2024年3月末」までとされていた経過措置を「2027年3月末」まで延長する。

ユニットケア施設管理者研修の努力義務化など
【施設系、短期入所系】
ユニットケアの質を向上させる観点から、個室ユニット型施設の管理者は、ユニットケア施設管理者研修を受講するよう努めることとする。
また、利用者との「馴染みの関係」を維持しつつ、柔軟なサービス提供を可能とする観点から、職員の主たる所属ユニットを明らかにした上で、必要に応じて異なるユニット間の勤務が可能であることを明確化する。

特定地域加算などの対象地域の明確化
【訪問系、通所系、多機能系、福祉用具貸与、居宅介護支援】
「過疎地域の持続的発展の支援に関する特別措置法」の「みなし過疎地域」の規定を適用することとされている地域等が、特別地域加算、中山間地域等の小規模事業所加算、中山間地域に居住する者へのサービス提供加算の算定対象地域に含まれることを明確化する。

出所：厚生労働省資料などを元に著者作成

2024（令和6）年度介護報酬改定率など

基本報酬の見直し

概要

　改定率については、介護現場で働く方々の処遇改善を着実に行いつつ、サービス毎の経営状況の違いも踏まえたメリハリのある対応を行うことで、全体で＋1.59％を確保。そのうち、介護職員の処遇改善分＋0.98％、その他の改定率として、賃上げ税制を活用しつつ、介護職員以外の処遇改善を実現できる水準として＋0.61％。

　これを踏まえて、介護職員以外の賃上げが可能となるよう、各サービスの経営状況にも配慮しつつ＋0.61％の改定財源について、基本報酬に配分する。

【告示改正】

令和6年度介護報酬改定に関する「大臣折衝事項」（令和5年12月20日）（抄）

　令和6年度介護報酬改定については、**介護現場で働く方々の処遇改善を着実に行いつつ、サービス毎の経営状況の違いも踏まえたメリハリのある対応を行う**ことで、改定率は全体で＋1.59％（国費432億円）とする。具体的には以下の点を踏まえた対応を行う。

・**介護職員の処遇改善分として、上記＋1.59％のうち＋0.98％を措置**する（介護職員の処遇改善分は令和6年6月施行）。その上で、賃上げ税制を活用しつつ、**介護職員以外の処遇改善を実現できる水準として、＋0.61％を措置**する。

・このほか、改定率の外枠として、処遇改善加算の一本化による賃上げ効果や、光熱水費の基準費用額の増額による介護施設の増収効果が見込まれ、これらを加えると、＋0.45％相当の改定となる。

・既存の加算の一本化による新たな処遇改善加算の創設に当たっては、今般新たに追加措置する処遇改善分を活用し、介護現場で働く方々にとって、令和6年度に2.5％、令和7年度に2.0％のベースアップへと確実につながるよう、配分方法の工夫を行う。あわせて、今回の改定が、介護職員の処遇改善に与える効果について、実態を把握する。

・今回の報酬改定では、処遇改善分について2年分を措置し、3年目の対応については、上記の実態把握を通じた処遇改善の実施状況等や財源とあわせて令和8年度予算編成過程で検討する。

出所：厚生労働省「令和6年度介護報酬改定における改定事項について」（R6.1.22）より抜粋

訪問介護　基本報酬　※以下の単位数はすべて1回あたり

身体介護	20分未満	167単位→163単位
	20分以上30分未満	250単位→244単位
	30分以上1時間未満	396単位→387単位
	1時間以上1時間30分未満	579単位→567単位
	以降30分を増すごとに算定	84単位→82単位
生活援助	20分以上45分未満	183単位→179単位
	45分以上	225単位→220単位
	身体介護に引き続き生活援助を行った場合	67単位→65単位
通院等乗降介助		99単位→97単位

※訪問介護については、処遇改善加算について、今回の改定で高い加算率としており、賃金体系等の整備、一定の月額賃金配分等により、まずは14.5%から、経験技能のある職員等の配置による最大24.5%まで、取得できるように設定している。

訪問入浴介護　基本報酬　※以下の単位数はすべて1回あたり

訪問入浴介護	1,260単位→1,266単位
介護予防訪問入浴介護	852単位→856単位

訪問看護　基本報酬

訪問看護（下段は介護予防訪問看護）
・指定訪問看護ステーションの場合

20分未満	313単位→314単位	30分以上1時間未満	821単位→823単位
	302単位→303単位		792単位→794単位
30分未満	470単位→471単位	1時間以上1時間30分未満	1,125単位→1,128単位
	450単位→451単位		1,087単位→1,090単位

※下段は介護予防訪問看護

・理学療法士、作業療法士又は言語聴覚士の場合	293単位→294単位
	283単位→284単位

・病院又は診療所の場合1

20分未満	265単位→266単位	30分以上 1時間未満	573単位→574単位
	255単位→256単位		552単位→553単位
30分未満	398単位→399単位	1時間以上 1時間30分未満	842単位→844単位
	381単位→382単位		812単位→814単位

・定期巡回・随時対応型訪問介護看護事業所と連携する場合 （1月につき）	2,954単位→2,961単位

訪問リハビリテーション　基本報酬　※以下の単位数はすべて1回あたり

訪問リハビリテーション

基本報酬	307単位→308単位

介護予防訪問リハビリテーション

基本報酬	307単位→298単位

居宅療養管理指導　基本報酬　※以下の単位数はすべて1回あたり（介護予防も同様）

医師が行う場合
（1）居宅療養管理指導（I）（II以外の場合に算定）

単一建物居住者が1人	514単位→515単位
単一建物居住者が2〜9人	486単位→487単位
単一建物居住者が10人以上	445単位→446単位

（2）居宅療養管理指導（II）
（在宅時医学総合管理料等を算定する利用者を対象とする場合に算定）

単一建物居住者が1人	298単位→299単位
単一建物居住者が2〜9人	286単位→287単位
単一建物居住者が10人以上	259単位→260単位

巻末資料

歯科医師が行う場合

単一建物居住者が1人	516単位→517単位
単一建物居住者が2〜9人	486単位→487単位
単一建物居住者が10人以上	440単位→441単位

薬剤師が行う場合
（1）病院又は診療所の薬剤師

単一建物居住者が1人	565単位→566単位
単一建物居住者が2〜9人	416単位→417単位
単一建物居住者が10人以上	379単位→380単位

（2）薬局の薬剤師

単一建物居住者が1人	517単位→518単位
単一建物居住者が2〜9人	378単位→379単位
単一建物居住者が10人以上	341単位→342単位
情報通信機器を用いて行う場合	45単位→46単位

管理栄養士が行う場合
（1）当該事業所の管理栄養士

単一建物居住者が1人	544単位→545単位
単一建物居住者が2〜9人	486単位→487単位
単一建物居住者が10人以上	443単位→444単位

（2）当該事業所以外の管理栄養士

単一建物居住者が1人	524単位→525単位
単一建物居住者が2〜9人	466単位→467単位
単一建物居住者が10人以上	423単位→424単位

歯科衛生士が行う場合

単一建物居住者が1人	361単位→362単位
単一建物居住者が2〜9人	325単位→326単位
単一建物居住者が10人以上	294単位→295単位

通所介護　基本報酬　※以下の単位数はすべて1回あたり（7時間以上8時間未満の場合）

通常規模型

要介護1	655単位→658単位	要介護4	1,018単位→1,023単位
要介護2	773単位→777単位	要介護5	1,142単位→1,148単位
要介護3	896単位→900単位		

大規模型Ⅰ

要介護1	626単位→629単位	要介護4	975単位→980単位
要介護2	740単位→744単位	要介護5	1,092単位→1,097単位
要介護3	857単位→861単位		

大規模型Ⅱ

要介護1	604単位→607単位	要介護4	941単位→946単位
要介護2	713単位→716単位	要介護5	1,054単位→1,059単位
要介護3	826単位→830単位		

通所リハビリテーション　基本報酬

通所リハビリテーション（7時間以上8時間未満の場合）

・通常規模型

要介護1	757単位→762単位	要介護4	1,206単位→1,215単位
要介護2	897単位→903単位	要介護5	1,369単位→1,379単位
要介護3	1,039単位→1,046単位		

・大規模型　Ⅰ／Ⅱ

要介護1	734／708単位→714単位	要介護4	1,166／1,129単位→1,140単位
要介護2	868／841単位→847単位	要介護5	1,325／1,282単位→1,300単位
要介護3	1,006／973単位→983単位		

※旧大規模型Ⅰ及びⅡについては廃止し、大規模型に統合する。
※一定の条件を満たした大規模模事業所については、通常規模型と同様の単位数を算定できることとする。

巻末資料

介護予防通所リハビリテーション

要支援1	2,053単位／月→2,268単位／月	要支援2	3,999単位／月→4,228単位／月

短期入所生活介護　基本報酬 ※以下の単位数はすべて1日あたり

単独型・従来型個室

要支援1	474単位→479単位	要介護3	778単位→787単位
要支援2	589単位→596単位	要介護4	847単位→856単位
要介護1	638単位→645単位	要介護5	916単位→926単位
要介護2	707単位→715単位		

併設型・従来型個室

要支援1	446単位→451単位	要介護3	737単位→745単位
要支援2	555単位→561単位	要介護4	806単位→815単位
要介護1	596単位→603単位	要介護5	874単位→884単位
要介護2	665単位→672単位		

単独型・ユニット型個室

要支援1	555単位→561単位	要介護3	881単位→891単位
要支援2	674単位→681単位	要介護4	949単位→959単位
要介護1	738単位→746単位	要介護5	1,017単位→1,028単位
要介護2	806単位→815単位		

併設型・ユニット型個室

要支援1	523単位→529単位	要介護3	838単位→847単位
要支援2	649単位→656単位	要介護4	908単位→918単位
要介護1	696単位→704単位	要介護5	976単位→987単位
要介護2	764単位→772単位		

短期入所療養介護　基本報酬　※以下の単位数はすべて1日あたり

介護老人保健施設（介護予防）短期入所療養介護（Ⅰ）（ⅲ）（多床室）（基本型）

要支援1	610単位→613単位	要介護3	939単位→944単位
要支援2	768単位→774単位	要介護4	991単位→997単位
要介護1	827単位→830単位	要介護5	1,045単位→1,052単位
要介護2	876単位→880単位		

介護老人保健施設（介護予防）短期入所療養介護（Ⅰ）（ⅳ）（多床室）（在宅強化型）

要支援1	658単位→672単位	要介護3	1,014単位→1,044単位
要支援2	817単位→834単位	要介護4	1,071単位→1,102単位
要介護1	875単位→902単位	要介護5	1,129単位→1,161単位
要介護2	951単位→979単位		

病院療養病床（介護予防）短期入所療養介護（Ⅰ）（ⅴ）（多床室）（療養機能強化型Ａ）（看護6：1、介護4：1）

要支援1	626単位→639単位	要介護3	1,199単位→1,224単位
要支援2	784単位→801単位	要介護4	1,300単位→1,328単位
要介護1	849単位→867単位	要介護5	1,391単位→1,421単位
要介護2	960単位→980単位		

病院療養病床（介護予防）短期入所療養介護（Ⅰ）（ⅵ）（多床室）（療養機能強化型Ｂ）（看護6：1、介護4：1）

要支援1	614単位→627単位	要介護3	1,181単位→1,206単位
要支援2	772単位→788単位	要介護4	1,280単位→1,307単位
要介護1	837単位→855単位	要介護5	1,370単位→1,399単位
要介護2	946単位→966単位		

巻末資料

特定施設入居者生活介護・地域密着型特定施設入居者生活介護　基本報酬
※以下の単位数はすべて1日あたり

特定施設入居者生活介護

要支援1	182単位→183単位	要介護3	674単位→679単位
要支援2	311単位→313単位	要介護4	738単位→744単位
要介護1	538単位→542単位	要介護5	807単位→813単位
要介護2	604単位→609単位		

地域密着型特定施設入居者生活介護

要介護1	542単位→546単位	要介護4	744単位→750単位
要介護2	609単位→614単位	要介護5	813単位→820単位
要介護3	679単位→685単位		

居宅介護支援・介護予防支援　基本報酬　※以下の単位数はすべて1月あたり

居宅介護支援費（Ⅰ）
・居宅介護支援費（Ⅱ）を算定していない事業所
居宅介護支援（ⅰ）

a 要介護1又は2	1,076単位→1,086単位	b 要介護3、4又は5	1,398単位→1,411単位

居宅介護支援（ⅱ）

a 要介護1又は2	539単位→544単位	b 要介護3、4又は5	698単位→704単位

居宅介護支援（ⅲ）

a 要介護1又は2	323単位→326単位	b 要介護3、4又は5	418単位→422単位

居宅介護支援費（Ⅱ）
・指定居宅サービス事業者等との間で居宅サービス計画に係るデータを電子的に送受信するための
　システム（ケアプランデータ連携システム）の活用及び事務職員の配置を行っている事業所
居宅介護支援（ⅰ）

a 要介護1又は2	1,076単位→1,086単位	b 要介護3、4又は5	1,398単位→1,411単位

居宅介護支援（ⅱ）

a 要介護1又は2	522単位→527単位	b 要介護3、4又は5	677単位→683単位

居宅介護支援（ⅲ）

a 要介護1又は2	313単位→316単位	b 要介護3、4又は5	406単位→410単位

・介護予防支援費

地域包括支援センターが行う場合	438単位→442単位
指定居宅介護支援事業所が行う場合	新規→472単位

定期巡回・随時対応型訪問介護看護　基本報酬　※以下の単位数は1月あたり
（夜間訪問型の定期巡回サービス費及び随時訪問サービス費を除く）

一体型事業所（訪問看護なし）

要介護1	5,697単位→5,446単位	要介護4	21,357単位→20,417単位
要介護2	10,168単位→9,720単位	要介護5	25,829単位→24,692単位
要介護3	16,883単位→16,140単位		

一体型事業所（訪問看護あり）

要介護1	8,312単位→7,946単位	要介護4	24,434単位→23,358単位
要介護2	12,985単位→12,413単位	要介護5	29,601単位→28,298単位
要介護3	19,821単位→18,948単位		

連携型事業所（訪問看護なし）

要介護1	5,697単位→5,446単位	要介護4	21,357単位→20,417単位
要介護2	10,168単位→9,720単位	要介護5	25,829単位→24,692単位
要介護3	16,883単位→16,140単位		

夜間訪問型（新設）

基本夜間訪問サービス費	989単位	随時訪問サービス費（Ⅰ）	567単位
定期巡回サービス費	372単位	随時訪問サービス費（Ⅱ）	764単位

※定期巡回・随時対応型訪問介護看護については、処遇改善加算について、今回の改定で高い加算率としており、賃金体系等の整備、一定の月額賃金配分等により、まずは14.5%から、経験技能のある職員等の配置による最大24.5%まで、取得できるように設定している。

巻末資料

夜間対応型訪問介護　基本報酬

・夜間対応型訪問介護（Ⅰ）【定額】＋【出来高】

【定額】 基本夜間対応型訪問介護費（オペレーションサービス部分）	1,025単位／月→989単位／月
【出来高】 定期巡回サービス費（訪問サービス部分）	386単位／回→372単位／回
随時訪問サービス費（Ⅰ）（訪問サービス部分）	588単位／回→567単位／回
随時訪問サービス費（Ⅱ）（訪問サービス部分）	792単位／回→764単位／回
・夜間対応型訪問介護（Ⅱ）【包括報酬】	2,800単位／回→2,702単位／回

※夜間対応型訪問介護については、処遇改善加算について、今回の改定で高い加算率としており、賃金体系等の整備、一定の月額賃金配分等により、まずは14.5%から、経験技能のある職員等の配置による最大24.5%まで、取得できるように設定している。

地域密着型通所介護　基本報酬

地域密着型通所介護（1回あたり）　※7時間以上8時間未満の場合

要介護1	750単位→753単位
要介護2	887単位→890単位
要介護3	1,028単位→1,032単位
要介護4	1,168単位→1,172単位
要介護5	1,308単位→1,312単位

療養通所介護

療養通所介護	12,691単位→12,785単位（1月あたり）
短期利用の場合	新設→1,335単位（1日あたり）

認知症対応型通所介護　基本報酬
※以下の単位数はすべて１回あたり（７時間以上８時間未満の場合）

単独型

要支援1	859単位→861単位	要介護3	1,208単位→1,210単位
要支援2	959単位→961単位	要介護4	1,316単位→1,319単位
要介護1	992単位→994単位	要介護5	1,424単位→1,427単位
要介護2	1,100単位→1,102単位		

併設型

要支援1	771単位→773単位	要介護3	1,084単位→1,086単位
要支援2	862単位→864単位	要介護4	1,181単位→1,183単位
要介護1	892単位→894単位	要介護5	1,276単位→1,278単位
要介護2	987単位→989単位		

共用型

要支援1	483単位→484単位	要介護3	559単位→560単位
要支援2	512単位→513単位	要介護4	577単位→578単位
要介護1	522単位→523単位	要介護5	597単位→598単位
要介護2	541単位→542単位		

認知症対応型共同生活介護　基本報酬

【入居の場合】
・１ユニットの場合

要支援2	760単位→761単位	要介護3	823単位→824単位
要介護1	764単位→765単位	要介護4	840単位→841単位
要介護2	800単位→801単位	要介護5	858単位→859単位

・２ユニット以上の場合

要支援2	748単位→749単位	要介護3	811単位→812単位
要介護1	752単位→753単位	要介護4	827単位→828単位
要介護2	787単位→788単位	要介護5	844単位→845単位

【短期利用の場合】

・1ユニットの場合

要支援2	788単位→789単位	要介護3	853単位→854単位
要介護1	792単位→793単位	要介護4	869単位→870単位
要介護2	828単位→829単位	要介護5	886単位→887単位

・2ユニット以上の場合

要支援2	776単位→777単位	要介護3	840単位→841単位
要介護1	780単位→781単位	要介護4	857単位→858単位
要介護2	816単位→817単位	要介護5	873単位→874単位

小規模多機能型居宅介護　基本報酬

同一建物に居住する者以外の者に対して行う場合（1月あたり）

要支援1	3,438単位→3,450単位	要介護3	22,283単位→22,359単位
要支援2	6,948単位→6,972単位	要介護4	24,593単位→24,677単位
要介護1	10,423単位→10,458単位	要介護5	27,117単位→27,209単位
要介護2	15,318単位→15,370単位		

同一建物に居住する者に対して行う場合（1月あたり）

要支援1	3,098単位→3,109単位	要介護3	20,076単位→20,144単位
要支援2	6,260単位→6,281単位	要介護4	22,158単位→22,233単位
要介護1	9,391単位→9,423単位	要介護5	24,433単位→24,516単位
要介護2	13,802単位→13,849単位		

短期利用の場合（1日あたり）

要支援1	423単位→424単位	要介護3	707単位→709単位
要支援2	529単位→531単位	要介護4	774単位→777単位
要介護1	570単位→572単位	要介護5	840単位→843単位
要介護2	638単位→640単位		

看護小規模多機能型居宅介護　基本報酬

同一建物に居住する者以外の者に対して行う場合（1月あたり）

要介護1	12,438単位→12,447単位	要介護4	27,747単位→27,766単位
要介護2	17,403単位→17,415単位	要介護5	31,386単位→31,408単位
要介護3	24,464単位→24,481単位		

同一建物に居住する者に対して行う場合（1月あたり）

要介護1	11,206単位→11,214単位	要介護4	25,000単位→25,017単位
要介護2	15,680単位→15,691単位	要介護5	28,278単位→28,298単位
要介護3	22,042単位→22,057単位		

短期利用の場合（1日あたり）

要介護1	570単位→571単位	要介護4	772単位→773単位
要介護2	637単位→638単位	要介護5	838単位→839単位
要介護3	705単位→706単位		

介護老人福祉施設・地域密着型介護老人福祉施設入所者生活介護　基本報酬
※以下の単位数はすべて1日あたり

介護福祉施設サービス費（従来型個室）

要介護1	573単位→589単位	要介護4	780単位→802単位
要介護2	641単位→659単位	要介護5	847単位→871単位
要介護3	712単位→732単位		

ユニット型介護福祉施設サービス費（ユニット型個室）

要介護1	652単位→670単位	要介護4	862単位→886単位
要介護2	720単位→740単位	要介護5	929単位→955単位
要介護3	793単位→815単位		

巻末資料

地域密着型介護老人福祉施設入所者生活介護費（従来型個室）

要介護1	582単位→600単位	要介護4	792単位→817単位
要介護2	651単位→671単位	要介護5	860単位→887単位
要介護3	722単位→745単位		

ユニット型地域密着型介護老人福祉施設入所者生活介護費（ユニット型個室）

要介護1	661単位→682単位	要介護4	874単位→901単位
要介護2	730単位→753単位	要介護5	942単位→971単位
要介護3	803単位→828単位		

介護老人保健施設　基本報酬　※以下の単位数はすべて1日あたり

介護保健施設サービス費（Ⅰ）（ⅲ）（多床室）（基本型）

要介護1	788単位→793単位	要介護4	949単位→961単位
要介護2	836単位→843単位	要介護5	1,003単位→1,012単位
要介護3	898単位→908単位		

介護保健施設サービス費（Ⅰ）（ⅳ）（多床室）（在宅強化型）

要介護1	836単位→871単位	要介護4	1,030単位→1,072単位
要介護2	910単位→947単位	要介護5	1,085単位→1,125単位
要介護3	974単位→1,014単位		

ユニット型介護保健施設サービス費（Ⅰ）（ⅰ）（ユニット型個室）（基本型）

要介護1	796単位→802単位	要介護4	956単位→968単位
要介護2	841単位→848単位	要介護5	1,009単位→1,018単位
要介護3	903単位→913単位		

ユニット型介護保健施設サービス費（Ⅰ）（ⅱ）（ユニット型個室）（在宅強化型）

要介護1	841単位→876単位	要介護4	1,035単位→1,077単位
要介護2	915単位→952単位	要介護5	1,090単位→1,130単位
要介護3	978単位→1,018単位		

介護医療院　基本報酬　※以下の単位数はすべて1日あたり

I型介護医療院サービス費（I）（ii）（多床室）

要介護1	825単位→833単位	要介護4	1,271単位→1,283単位
要介護2	934単位→943単位	要介護5	1,362単位→1,375単位
要介護3	1,171単位→1,182単位		

II型介護医療院サービス費（I）（ii）（多床室）

要介護1	779単位→786単位	要介護4	1,170単位→1,181単位
要介護2	875単位→883単位	要介護5	1,249単位→1,261単位
要介護3	1,082単位→1,092単位		

ユニット型I型介護医療院サービス費（I）（i）（ユニット型個室）

要介護1	842単位→850単位	要介護4	1,288単位→1,300単位
要介護2	951単位→960単位	要介護5	1,379単位→1,392単位
要介護3	1,188単位→1,199単位		

ユニット型II型介護医療院サービス費（I）（i）（ユニット型個室）

要介護1	841単位→849単位	要介護4	1,255単位→1,267単位
要介護2	942単位→951単位	要介護5	1,340単位→1,353単位
要介護3	1,162単位→1,173単位		

■ 著者紹介

田中 元（たなか・はじめ）

昭和37年群馬県出身。介護福祉ジャーナリスト。立教大学法学部卒業。出版社勤務後、雑誌・書籍の編集業務を経てフリーに。主に高齢者の自立・介護等をテーマとした取材、執筆、ラジオ・テレビ出演、講演等の活動を精力的におこなっている。現場を徹底取材した上での具体的問題提起、わかりやすい解説には定評がある。『おはよう21』『ケアマネジャー』（中央法規出版）などに寄稿するほか、著書に『認知症で使えるサービス しくみ お金のことがわかる本』『[速報! 2021年度施行] 介護事業者・介護福祉関係者必携! 改正介護保険早わかり』『スタッフに辞める! と言わせない介護現場マネジメント』『介護の事故・トラブルを防ぐ70のポイント』（自由国民社）、『現場で使える介護福祉士便利帖』（翔泳社）、『認知症ケアが実践できる人材の育て方』『「科学的介護」を現場で実現する方法』（ぱる出版）など多数。

ここがポイント！ここが変わった！

改正介護保険早わかり 2024～26年度版

発行　2024年5月1日　初版第1刷発行

著　者　田中　元
発行者　石井　悟
発行所　株式会社自由国民社
　　　　〒171-0033　東京都豊島区高田3-10-11
　　　　TEL　03（6233）0781（営業部）
　　　　TEL　03（6233）0786（編集部）
　　　　https://www.jiyu.co.jp/
印刷所　大日本印刷株式会社
製本所　新風製本株式会社

編集協力・DTP　　株式会社ループスプロダクション
本文イラスト　　shutterstock
カバーデザイン　　吉村朋子
カバーイラスト　　©ケイーゴ・K-stock.adobe.com